MICROFATOS!
500 FATOS FANTÁSTICOS sobre os DINOSSAUROS

ANNE ROONEY

Publicado originalmente em 2018 por Arcturus Publishing Limited
Copyright © Arcturus Holdings Limited

Os direitos dessa edição pertencem à
Pé da Letra Editora
Rua Coimbra, 255 - Jd. Colibri, Cotia - SP, Brasil
Tel.: (11) 3733-0404
vendas@editorapedaletra.com.br / www.editorapedaletra.com.br

Esse livro foi elaborado e produzido pelo Sr. Aranda Estúdio.

Tradução: Monica Fleischer Alves
Design e diagramação: Adriane Mascotti
Edição e revisão: Larissa Bernardi
Coordenação: Fabiano Flaminio

Impresso no Brasil, 2020

Dados Internacionais de Catalogação na Publicação (CIP)
Angélica Ilacqua CRB-8/7057

Rooney, Anne

   500 fatos fantásticos sobre os dinossauros / Dra. Anne Rooney ; tradução de Fabiano Flaminio. -- Brasil : Pé da Letra, 2020.
   304 p. : il., color.

ISBN: 978-65-86181-44-9
Título original: Dinosaur Atlas

1. Literatura infantojuvenil 2. Dinossauros - Literatura infantojuvenil 3. Dinossauros - Curiosidades I. Título II. Flaminio, Fabiano

20-2127   CDD 028.5

Índices para catálogo sistemático:
1. Literatura infantojuvenil

Todos os direitos reservados. Nenhuma parte desta publicação pode ser reproduzida, armazenada em um banco de dados ou transmitida de qualquer forma ou por qualquer meio (seja eletrônico, mecânico, por fotocópia, gravação ou outro), sem permissão prévia por escrito da editora.

SUMÁRIO

1 O mundo dos dinossauros 4
O mundo mudou desde a época dos dinossauros - e eles também mudaram!

2 Pelo mar e pelo ar 54
Nem tudo no mundo dos dinossauros era dinossauro. Descubra quem viveu no mar e quem voou no céu naquela época.

3 O corpo dos dinossauros .... 104 
Grandes, pequenos, emplumados, escamosos, assustadores ou velozes, havia dinos de todas as formas e tamanhos e com algumas habilidades surpreendentes!

4 A vida dos dinossauros 154
Como viviam os dinossauros? Saiba como eles criavam os filhotes, procuravam seus alimentos e quem ficou de fora.

5 Dinoestrelas 204
O que é tão especial no Supersaurus? Que dinossauro conseguia pegar o próprio nariz?

6 Mais dinoestrelas 254
Descubra os nomes de todos os fósseis de T-Rex e muito mais sobre outras dinoestrelas

Índice 302

1. O mundo dos dinossauros

OS DINOSSAUROS VIVERAM EM UM MUNDO DIFERENTE

Os blocos de terra que formam os continentes se movimentam lentamente ao redor do mundo, o tempo todo.

Quando os primeiros dinossauros apareceram, a Terra era um continente único, que agora chamamos de Pangeia (não sabemos como os dinossauros o chamavam!).

150 milhões de anos: Diplodoco, América do Norte.

À medida que os blocos de terra foram se separando, os dinossauros das diferentes partes não tinham mais como se reunir e se reproduzir. Eles evoluíram separadamente em diferentes tipos.

240 milhões de anos: Eoraptor, Argentina

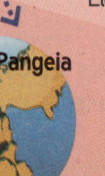
Pangeia

Laurásia

Gondwana

Continentes modernos

Ao longo de milhões de anos, a Pangeia se dividiu, inicialmente, em duas grandes partes e, depois, em partes menores. Na época do T-Rex, alguns dos continentes modernos já eram reconhecíveis.

66 milhões de anos: T-Rex, América do Norte

OS DINOSSAUROS VIVERAM NA PRAIA

O centro dos grandes continentes era muito quente e seco. Onde o centro era separado da orla pelas montanhas, é possível que não houvesse chuva no interior.

A maior parte dos animais – incluindo os dinossauros – viveu nas bordas, onde era mais úmido. Dinos na praia!

Quando havia apenas um grande continente, havia também um oceano realmente grande, chamado Oceano de Tethys. Ele era habitado por répteis do mar, animais enormes, como as lulas que viviam em conchas, peixes e tubarões.

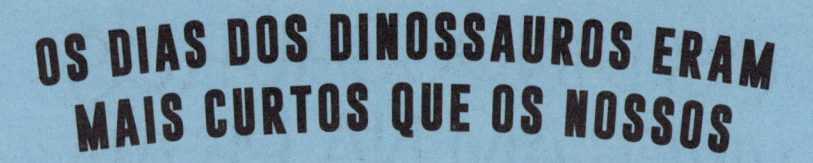

OS DIAS DOS DINOSSAUROS ERAM MAIS CURTOS QUE OS NOSSOS

A Terra gira um pouco mais devagar atualmente do que no tempo dos dinossauros – eles tinham que se apressar para fazer todas as tarefas em mais ou menos 23 horas.

Isso significava que mais dias cabiam em um ano, já que o ano tinha a mesma duração. Os dinossauros tinham que esperar mais de 365 dias entre um aniversário e outro.

Finalmente meu bolo de aniversário!

Há 160 milhões de anos, o Estegossauro tinha que esperar 10 dias a mais para que seu ano de 375 dias terminasse!

A Terra continua desacelerando. Seja como for, nos próximos 100 milhões de anos, as criaturas que viverem por aqui terão dias mais longos que os nossos – e menos dias entre seus aniversários.

A LUA PARECIA MAIOR PARA OS DINOSSAUROS DO QUE PARA NÓS

A Lua parece maior ou menor em diferentes dias porque, de vez em quando, ela está mais perto da Terra e, às vezes, um pouco mais distante, já que gira ao redor do nosso planeta. Mas ela também está se afastando gradualmente da Terra, parecendo cada vez menor ao longo do tempo.

Rápido! Ela nunca vai chegar tão perto!

Atualmente, a Lua se distancia da Terra cerca de 3,8 cm por ano, o que é mais rápido que nunca! Ela está mais de 1.600 km longe da Terra do que quando os últimos dinossauros viveram aqui. E está 5.800 km mais longe do que quando os primeiros dinossauros a viram no céu.

Fazia calor no MUNDO DOS DINOSSAUROS

Atualmente, nos preocupamos com as mudanças climáticas, mas o mundo era muito mais quente na era dos dinossauros - nós não sobreviveríamos.

No Triássico, quando os primeiros dinos começaram a circular, a temperatura global média era de 30°C. Na água, era ainda mais quente!

A temperatura da água do mar era de 40°C, o que seria um bom banho quente. Foi a temperatura mais quente durante centenas de milhões de anos.

Alguém viu meu protetor solar?

Herrerassauro

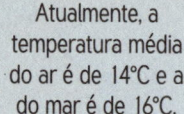

Atualmente, a temperatura média do ar é de 14°C e a do mar é de 16°C.

ALGUNS "DINOSSAUROS" não eram dinossauros

Em muitos conjuntos de dinossauros de brinquedo encontramos o Dimetrodon - mas o Dimetrodon não era um dinossauro. Ele viveu há cerca de 295 -271 milhões de anos, o que quer dizer que ele morreu pelo menos 30 milhões de anos antes dos primeiros dinos.

Antes dos dinossauros, havia outros répteis chamados sinapsídeos e arcossauros.

Eram animais pesados, que evoluíram dos anfíbios. Suas pernas se estendiam lateralmente, como as pernas de um crocodilo, enquanto as pernas dos dinossauros eram retas e saíam sob o corpo deles, como as pernas de um elefante ou de um avestruz.

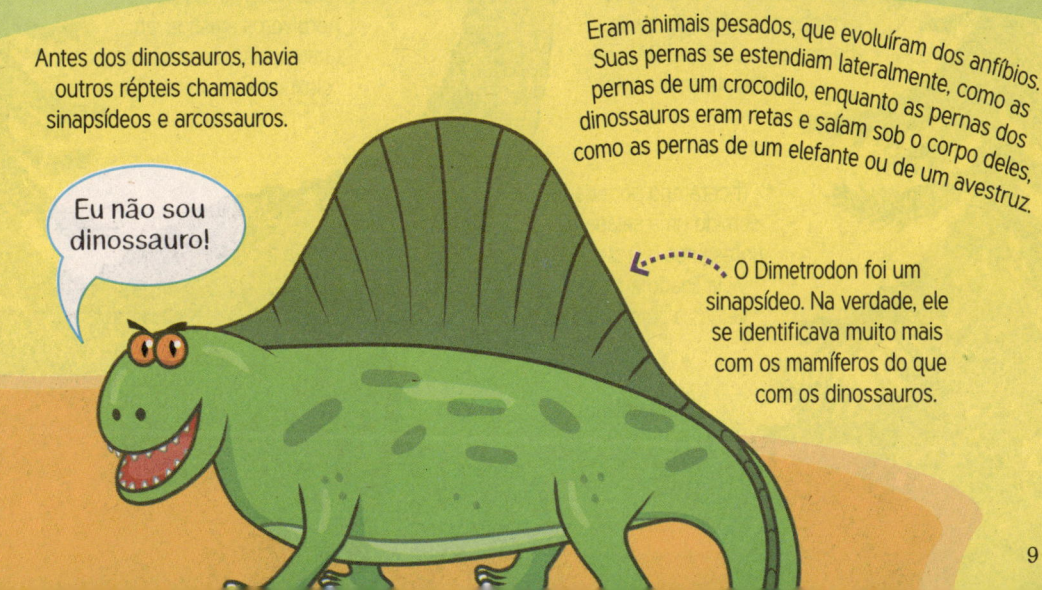

Eu não sou dinossauro!

O Dimetrodon foi um sinapsídeo. Na verdade, ele se identificava muito mais com os mamíferos do que com os dinossauros.

OS DINOSSAUROS NÃO COMIAM FRUTAS

Como não havia frutas como as maçãs ou morangos, que crescem depois que uma planta floresce, elas não evoluíram quando a maioria dos dinos estava por perto.

Eles nem podiam rolar na grama – não existia grama. E a maior parte dos dinos não cheirava as flores, pois também não havia flores até o Cretáceo (145-66 milhões de anos atrás).

Árvores como carvalho, bordo, salgueiro e magnólia apareceram no Cretáceo. Antes disso, os dinossauros herbívoros mastigavam samambaias, cicadáceas, ginkgos e coníferas.

O Tricerátopo poderia ter comido uma salada de flores, mas o Diplodoco vivia ligado à folhas velhas e sem graça.

conífera

samambaia   gingko

OS DINOSSAUROS PODIAM ANDAR DA AUSTRÁLIA À ANTÁRTIDA

Até 85 milhões de anos atrás, a Austrália e a Antártida eram unidas, com apenas um vale entre elas.

Os dinossauros encontrados como fósseis nesse vale podiam se mover facilmente de um lado para o outro. Entre eles, o Diluvicursor, que era do tamanho de um peru, e o Leaellynasaura, um pequeno comedor de plantas de cauda longa.

Leaellynasaura

Diluvicursor

Atualmente, a Antártida é terrivelmente fria. O território é totalmente coberto por uma vasta camada de gelo o ano todo e lá não existem árvores. Na era dos dinossauros, lá era mais quente, e é possível que o vale tenha sido uma floresta exuberante. A Austrália se deslocou para o norte e ficou mais quente.

CHOVIA MUITO SOBRE OS DINOSSAUROS, TAMBÉM

Alguém pode inventar um guarda-chuva, por favor?

Todas as ilustrações de dinossauros que você vê mostram o clima ensolarado e agradável. Mas eles não desfrutaram de 165 milhões de anos de sol. Embora, geralmente, o clima da época fosse mais quente que hoje, os dinossauros precisavam enfrentar vento, chuva, neblina e granizo.

Alguns dinossauros tinham penas, ou algo parecido com penas, o que pode ter ajudado a mantê-los quentinhos. Outros tinham a pele dura ou escamosa, por onde a chuva escorreria. Isso pode não ter sido legal. Um saurópode gigante como o Diplodoco não tinha como se esconder numa caverna ou em uma toca. Ele era obrigado a ficar ali, tomando chuva, vento, neblina ou sol.

NEM TODOS OS DINOSSAUROS ERAM JURÁSSICOS

Todo mundo já ouviu falar do Parque Jurássico (ou Parque dos Dinossauros), e a palavra "Jurássico" sempre foi ligada aos dinossauros. Mas existiu uma quantidade enorme de dinos não Jurássicos.

Os geólogos dividem a história da Terra em diferentes períodos. Os dinossauros viveram em três desses períodos: o Triássico, o Jurássico e o Cretáceo.

TRIÁSSICO

Herrerassauro

Os primeiros dinossauros verdadeiros apareceram no início do Triássico. Eles eram bem pequenos e rápidos e compartilhavam o mundo com muitos outros animais.

JURÁSSICO

No Jurássico, os dinos realmente dominaram a Terra. Havia montes deles e alguns eram muito grandes.

Diplodoco

Estegossauro

CRETÁCEO

T-Rex

Tricerátopo

O Cretáceo também foi um ótimo período para os dinossauros – ou foi só até que as coisas deram muito errado no final (veja a página 52).

Os dinossauros mais velhos ESTÃO ENTERRADOS MAIS PROFUNDAMENTE

Os fósseis estão enterrados no subsolo, com sedimentos – lodo, areia, plantas apodrecidas e outras coisas – que se acumulam sobre eles e endurecem.

Quanto mais o tempo passa, mais coisas são encontradas em cima deles. Isso quer dizer que os fósseis mais antigos estão enterrados mais fundo.

Faz muito tempo...

Os paleontologistas (cientistas que estudam os fósseis), às vezes, falam sobre fósseis do "início do Jurássico" ou do "final do Cretáceo". Mas, às vezes, dizem "Jurássico Inferior" ou "Cretáceo Superior". Isso significa apenas que os fósseis vêm dos níveis mais antigos/inferiores da rocha Jurássica ou dos níveis mais recentes/superiores da rocha do Cretáceo.

A AMÉRICA TINHA UM OCEANO NO MEIO

Cem milhões de anos atrás, o bloco de terra que hoje é a América do Norte foi dividido em dois por um mar chamado Mar Interior Ocidental.

De um lado, a costa oeste era uma ilha enorme que ia do Alasca à Califórnia. Por outro lado, o mar de Hudson dividia o leste e o centro da maior parte do Canadá.

Quase nenhum dinossauro foi encontrado no leste - apenas alguns ossos.

Os dinossauros não eram capazes de atravessar o mar. Eles, então, se desenvolveram de forma diferente em cada pedaço de terra. É por isso que o T-Rex e o Tricerátopo foram encontrados só no oeste dos Estados Unidos.

OS DINOSSAUROS VISITARAM ILHAS TROPICAIS - NA EUROPA

No Cretáceo, os níveis do mar eram mais altos que os de hoje e a maior parte da Europa era coberta pelo mar.

Só existiam ilhas que apareciam acima das ondas. Os dinossauros foram abandonados sobre elas quando o nível do mar subiu.

Uma das ilhas, chamada Hateg, ficava a cerca de 200 km de qualquer outra terra – longe demais para os dinossauros irem a nado. É a atual Romênia. A área possui fósseis de seu único dinossauro porque os dinos de lá evoluíram por conta própria, isolados uns dos outros.

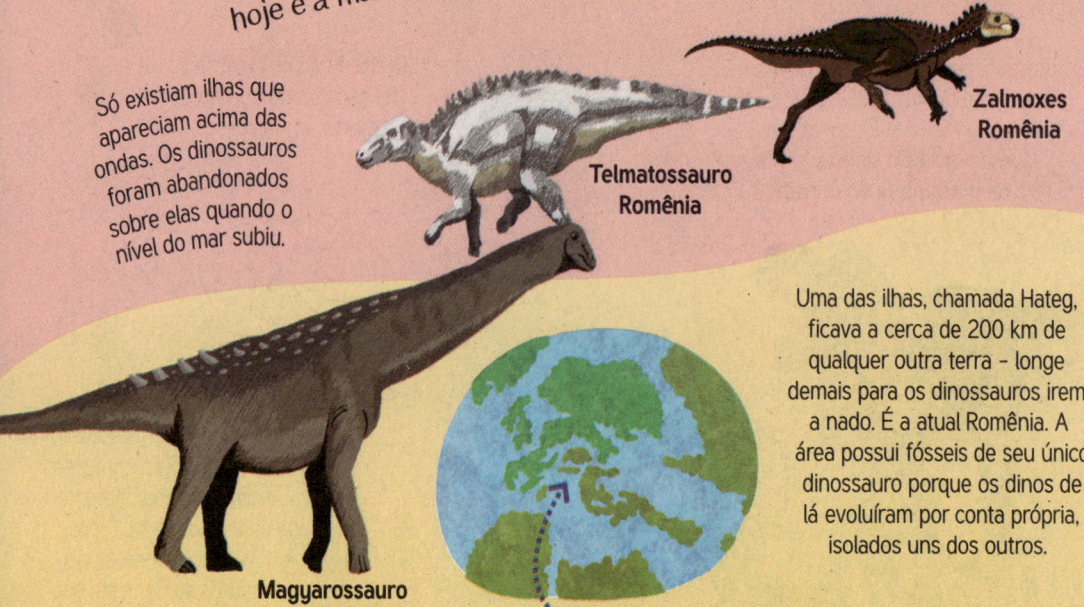

Telmatossauro
Romênia

Zalmoxes
Romênia

Magyarossauro
Hungria

Ilha Hateg

HÁ FÓSSEIS MARINHOS NO KANSAS

O Kansas fica bem no meio dos Estados Unidos, mas lá há fósseis de plesiossauros que viviam no mar Cretáceo.

Fósseis de amonites

À medida que os blocos se deslocavam, alguns pedaços de terra que ficavam no litoral acabaram indo parar no meio dos continentes e até no topo das montanhas.

Plesiossauro

A superfície da Terra é feita de grandes placas de terra que se movem lentamente. Quando duas colidem, elas se juntam. As bordas, às vezes, empurram para cima, formando montanhas. Essas bordas, originalmente, eram a costa e carregavam os fósseis de criaturas marinhas.

OS DINOSSAUROS TINHAM MENOS OXIGÊNIO QUE NÓS

Os dinossauros viviam numa atmosfera com apenas 10-15% de oxigênio, enquanto o ar de hoje tem 21%.

Havia mais dióxido de carbono no ar também. Mais dióxido de carbono leva a temperaturas mais altas – é por isso que os níveis crescentes de dióxido de carbono estão ligados ao aquecimento global que vemos atualmente. Mas os dinossauros não se importavam. Eles evoluíram para viver em temperaturas mais altas, com menos oxigênio e mais dióxido de carbono à sua volta.

Que plantas gostosas!

As plantas precisam de dióxido de carbono. Portanto, os níveis elevados indicam que havia muitas plantas para comer e florestas onde se esconder.

OS DINOSSAUROS TIVERAM QUE ESPERAR SUA VEZ DE DOMINAR O MUNDO

Embora tenham aparecido no Triássico Inferior, os primeiros dinos não assumiram o controle de imediato.

O mundo ainda não estava totalmente pronto para eles. Fazia muito calor e eles estavam espalhados por toda parte. Outros grupos de répteis, diferentes tipos de arcossauros, estavam no comando.

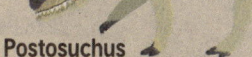

Postosuchus

Lystrossauro

Então, há aproximadamente 199 milhões de anos, aconteceu um desastre. A maioria dos arcossauros foi exterminada por um tipo de catástrofe e os dinossauros ocuparam o espaço.

Ninguém sabe ao certo o que aconteceu. Imagina-se que erupções vulcânicas maciças mudaram a atmosfera e o clima. O período em que muitas espécies morrem é chamado de evento de extinção em massa.

Euparkeria

OS DINOSSAUROS ERAM RÉPTEIS

Os primeiros répteis apareceram há, mais ou menos, 320 milhões de anos e evoluíram em diferentes tipos ao longo do tempo.

Até hoje temos répteis – os modernos incluem crocodilos, tartarugas e cobras.

Eu sou completamente moderno, sabia?

Mais assustador, isso sim!

Os crocodilianos (animais como os crocodilos) e as cobras evoluíram durante a era dos dinossauros. Mas, eles não eram como os crocodilos e as cobras modernas. Os primeiros crocodilos viviam principalmente na terra, mas depois migraram para pântanos e rios. As cobras primitivas evoluíram a partir dos lagartos, que tinham pernas e, possivelmente, viviam em tocas.

BURACOS FOSSILIZADOS NOS CONTAM MUITA COISA

Nós não temos apenas fósseis de ossos de dinossauros - temos fósseis de espaços onde os dinos estiveram!

Vamos seguir as pegadas!

Vestígios fósseis são marcas fossilizadas deixadas pelos animais! Há pegadas fossilizadas, marcas de arraste na lama deixadas pelas caudas em ninhos e tocas.

Rastros fósseis se formam quando uma marca na lama ou na areia é coberta por sedimentos ainda não deteriorados pelo vento ou pela água.

Os sedimentos se transformam em rocha ao longo de milhões de anos, mas não são os mesmos de quando a marca foi feita. Ao quebrar a rocha, revela-se o fóssil.

NÃO SABEMOS COMO ERA O PRIMEIRO DINOSSAURO

Os paleontologistas encontraram apenas alguns pedaços da espinha dorsal e de um osso do braço, por isso é difícil dizer, com certeza, que se trata de um dinossauro.

Sabe-se, pelo menos, que é um "dinossauriforme", o que quer dizer que é um animal do mesmo tipo de um dinossauro.

O mais antigo dinossauro conhecido deve ter sido o Nyasassauro, que viveu na Tanzânia há 243 milhões de anos.

Trabalhando a partir de dinossauros conhecidos e do tamanho de seus ossos, os cientistas acreditam que o Nyasassauro tinha entre 2 a 3 m de comprimento e, provavelmente, corria sobre as pernas traseiras.

O DINOSSAURO MAIS VELHO ESCONDIDO POR 50 ANOS

O fóssil do Nyasassauro, possivelmente o dinossauro mais velho, foi encontrado nos anos 1930, mas só foi devidamente descrito em 2013.

A primeira pessoa a escrever sobre isso, em 1956, pensou que fosse um arcossauro. Assim, embora tivessem o fóssil e soubessem que ele existiu, os cientistas não sabiam que era um dinossauro – e era!

Nyasassauro

Se o Nyasassauro realmente é um dinossauro, ele é muito mais antigo que o mais antigo seguinte, recuando a data da evolução dos dinossauros em 12 milhões de anos. Mas, os dinos podem ser ainda mais velhos que isso. Pegadas encontradas na Polônia foram feitas por dinossauriformes, 249 milhões de anos atrás.

NÃO É FÁCIL O CRESCIMENTO DE UM DINOSSAURO

Nos livros e nos filmes de O Parque dos Dinossauros, os dinos são cultivados a partir do DNA (material genético) de dinossauros encontrados no sangue dos mosquitos que os picaram.

Os mosquitos foram preservados em âmbar – um tipo de resina ou substância viscosa que verte das árvores. O âmbar, realmente, pode manter intactos os insetos e outras coisas por milhões de anos. Mas, o DNA não dura tanto tempo assim para ter sobrevivido aos dias de hoje, mesmo dentro da barriga dos mosquitos.

Eu não quero voltar no futuro!

Tricerátopo

Mesmo que pudéssemos trazer os dinos de volta, eles não iam gostar muito do nosso mundo, mais frio e rico em oxigênio. E eles não encontrariam seus alimentos por aqui, ou seja, não seriam muito felizes.

OS CIENTISTAS PODEM FAZER UM GALINHOSSAURO

Um cientista americano especialista em dinos está tentando criar um dinossauro moderno - alterando partes do DNA das aves para adicionar características de dinossauros, como dentes nos bicos, mão em vez de asas e um rabo ósseo.

Será um processo muito lento, mudando um pedacinho de cada vez. E o resultado, provavelmente, não será um dinossauro como os que vagavam há milhões de anos, e sim, um dino totalmente novo.

Se der certo, o animal estará adaptado à temperatura moderna, aos níveis de oxigênio e aos alimentos disponíveis, pois será desenvolvido a partir de aves modernas.

Tem certeza de que isso não é um pouco estranho?

AINDA TEMOS DINOSSAUROS - NÓS OS CHAMAMOS DE AVES

Os tipos de dinossauros que foram extintos há 66 milhões de anos são chamados de "dinossauros não-aviários", o que quer dizer "dinossauros que não são aves".

Os "dinossauros aviários" (aves) foram os únicos a sobreviver à catástrofe que exterminou os outros. Eles foram muito bem-sucedidos, sobrevivendo até os dias de hoje espalhados pelo mundo todo.

Mas ele é muito feio!

Anchiornis

T-Rex

Isso significa que as aves são uma forma evoluída de répteis. Se você prestar atenção em suas pernas escamosas e nos olhos redondos, verá um pouco de réptil nelas! E são as mais próximas dos dinossauros terópodes - os que têm a mesma forma do T-Rex e do Velociraptor.

ACHADOS
FÓSSEIS ESTRANHOS

As primeiras pegadas de dinossauro foram encontradas em 1835, em Connecticut, nos Estados Unidos. Elas foram confundidas com pegadas de pássaros gigantes, pois as pessoas achavam que todos os dinos andavam sobre as quatro patas.

Os primeiros fósseis de dinos americanos foram encontrados em 1854, perto do rio Missouri.

Em 1677, Robert Plot publicou o desenho de um osso de dinossauro que ele viu, sem saber o que era.

O cientista inglês William Buckland descreveu o primeiro dinossauro em 1824: o Megalossauro.

O primeiro fóssil de dinossauro quase completo encontrado foi o de um Hadrossauro, desenterrado em Nova Jersey, Estados Unidos, em 1858.

William Smith encontrou o osso de um Iguanodonte na Inglaterra, em 1809, mas ele não sabia o que era.

UM RABO DE DINOSSAURO ESTAVA À VENDA EM UM MERCADO EM MYANMAR

Um cientista chinês especialista em dinossauros comprou, num mercado em Myanmar, um pedaço de âmbar (resina de uma árvore) que parecia ter pedacinhos de uma planta antiga em seu interior.

Mas, a "planta" era a ponta de um rabo de dinossauro, completo com penas, que foi preservado por 99 milhões de anos.

O dinossauro era uma ave pequena, como um pardal, que deve ter morrido porque ficou preso no âmbar viscoso e não conseguiu escapar. O rabo tem todos os ossos originais, músculo, pele e penas.

Ninguém tem certeza se o HERRERASSAURO era um dinossauro ou não

Se o Herrerassauro foi um dinossauro, deve ter sido um dos primeiros. Ele viveu há 231 milhões de anos, na América do Sul.

Tinha 6 m de comprimento, mas apenas 90 cm de altura: ele tinha uma cauda comprida.

O Herrerassauro corria sobre as duas pernas e comia carne, como os outros terópodes e, provavelmente, pesava o mesmo que um crocodilo grande atualmente. Mas, talvez um crocodilo emplumado.

Herrerassauro

Deviam chamá-lo de "Cabrassauro"!

O primeiro fóssil de Herrerassauro foi descoberto, acidentalmente, por um argentino que cuidava de suas cabras. Ele se chamava Victorino Herrera e o possível dinossauro recebeu seu nome.

TRILHAS DE DINOSSAURO SOBEM A MONTANHA NA BOLÍVIA

Mas isso não quer dizer que os dinossauros pudessem correr pelos penhascos como o Homem-Aranha.

Uma trilha com cerca de 5 mil pegadas, 100 m acima de um penhasco de calcário, numa pedreira em Cal Orcko mostra, pelo menos, oito diferentes espécies de dinossauros.

As marcas foram feitas em terreno plano, na lama, ao lado de um lago aonde os dinossauros iam beber água 68 milhões de anos atrás.

Elas foram cobertas de lama e fossilizadas milhões de anos atrás.

Agora, elas marcam a face do penhasco porque a terra se deslocou e se retorceu, e o que antes era horizontal agora é quase vertical.

200 ANOS ATRÁS, NINGUÉM SABIA NADA SOBRE OS DINOSSAUROS

A palavra "dinossauro" foi usada pela primeira vez pelo cientista inglês Richard Owen, em 1842.

Megalossauro

Sou bem grandão!

Os primeiros dinossauros a receber um nome – antes que alguém soubesse que eram dinossauros – foram o Megalossauro, em 1824, e o Iguanodonte, em 1825. O Hylaeossauro foi o seguinte, em 1833.

Iguanodonte

Lagarto terrível? Eu não acho!

Hylaeossauro

Owen foi a primeira pessoa a perceber uma semelhança entre os três. E declarou que eles faziam parte de um grupo de animais similares e de um tipo não encontrado na Terra. Eles se pareciam com répteis vivos, mas muito maiores. Owen deu a eles o nome de "dinossauro", que significa "lagarto terrível".

OS DINOSSAUROS QUASE FORAM ABANDONADOS

Só 45 anos depois de Owen ter dado nome aos dinossauros, imaginou-se que ele poderia estar errado.

Outros dinos foram encontrados e divididos em dois grupos bastante distintos, com diferentes tipos de quadris. Um grupo tinha quadris como os das aves atuais e o outro como os dos lagartos modernos.

O paleontologista britânico Harry Seeley achou que eles eram tão diferentes que não deveriam estar agrupados de forma alguma, e os "dinossauros" como um grupo único não existia.

Saurisquiano – quadril de ave

Ornitisquiano – quadril de lagarto

Levou quase 100 anos – até os anos 1970 – para os cientistas aceitarem que os dois grupos tinham vindo de um único ancestral e que os dinossauros realmente existiram!

HÁ MUITOS DINOSSAUROS A SEREM DESCOBERTOS

Os cientistas estimam que há, pelo menos, duas mil espécies de dinossauros e é provável que existam muitas mais.

Há 10 mil espécies de aves vivas atualmente, portanto, só 2 mil dinossauros ao longo de 150 milhões de anos não é muito.

Apenas uns mil tipos foram descobertos até agora – mas os paleontologistas estão descobrindo outros o tempo todo.

Mais de 80% dos dinossauros conhecidos hoje foram nomeados desde 1990. Os geólogos descobrem um novo tipo de dinossauro toda semana.

FORAM TRAVADAS "GUERRAS ÓSSEAS" POR FÓSSEIS DE DINOSSAUROS

Uma longa disputa se alastrou entre dois paleontologistas nos Estados Unidos no final do século XIX.

Othniel Charles Marsh e Edward Drinker Cope trabalharam juntos nos anos 1860, mas se tornaram rivais na década seguinte. Eles correram para encontrar o maior número possível de dinossauros, enganando um ao outro e até destruindo leitos fósseis para impedir que o outro encontrasse mais fósseis.

Eles trabalharam rápido, com equipes enormes, e coletaram tantos ossos que muitos ficaram guardados em caixas por décadas.

Suas equipes encontraram a maioria dos famosos dinossauros norte-americanos. Cope deu nome a mais de mil novas espécies, um recorde que, provavelmente, nunca será batido.

Foi o Marsh que escolheu meu nome!

É DIFÍCIL FORMAR UM FÓSSIL

Os fósseis, geralmente, se formam quando um animal morto está na água, por isso existem mais fósseis de animais marinhos do que de animais terrestres.

É raro encontrar um dinossauro inteiro; a maioria dos achados fósseis é pequena.

Normalmente, as partes moles apodrecem, deixando apenas as partes duras – ossos, dentes, garras e quaisquer espinhos ou placas ósseas.

Ocasionalmente, partes macias como a pele ou penas fossiliza.

Poucos animais mortos se transformam em fósseis. A maior parte é comida ou apodrece, e os ossos ficam espalhados ou são esmagados.

Muitos sedimentos acumulados esmagam o material ao redor dos ossos até endurecer, transformando-se em rochas.

OS DRAGÕES ERAM DINOSSAUROS?

Há pessoas que se perguntam se as histórias sobre dragões vieram de dinossauros reais ou se surgiram depois de encontrar ossos fossilizados.

Dinossauros e humanos nunca conviveram, de modo que mesmo os mais antigos jamais possam ter visto os dinos. Há um intervalo de 65 milhões de anos entre os últimos dinossauros não-aves e o homem!

Sou um dinossauro assustador?

É possível que os primeiros homens tenham encontrado dinossauros fossilizados e criado os dragões para explicá-los.

As lendas de dragões surgiram na China e na Europa de forma independente - talvez as pessoas tenham encontrado fósseis de dinossauros nos dois locais e criado versões de dragões ligeiramente diferentes.

Misterioso! *Dragão?*

OS RÉPTEIS DOMINARAM PORQUE PUSERAM OVOS MELHORES

Os répteis evoluíram dos anfíbios - animais como os sapos e rãs.

Os anfíbios respiram ar, mas põem ovos moles e macios. Em terra, esses ovos secariam. Por isso, os anfíbios depositam seus ovos na água. Isso significa que os anfíbios não podem se afastar dos rios ou da costa.

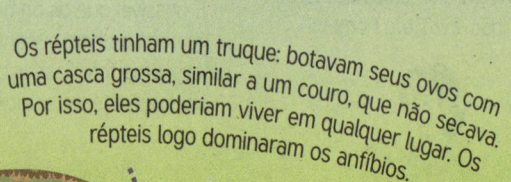

Koolasuchus

Os répteis tinham um truque: botavam seus ovos com uma casca grossa, similar a um couro, que não secava. Por isso, eles poderiam viver em qualquer lugar. Os répteis logo dominaram os anfíbios.

Dimetrodon

Os répteis que deram origem aos dinossauros são chamados de "arcossauros", que significa "répteis dominantes". Aves, crocodilos, cobras e lagartos são todos arcossauros modernos.

1. Se um dino morto acabasse na água e fosse enterrado rapidamente por areia ou lama (sedimento), poderia se transformar em um fóssil.

2. Mais e mais camadas de rochas acumuladas ao longo do tempo, enterravam ainda mais o fóssil.

3. Ao longo de tantos anos, produtos químicos nos ossos foram trocados por minerais na água, e os ossos endureceram como pedra.

Ou os ossos podem ter apodrecido, deixando um espaço que se enche de minerais, formando o molde dos ossos.

4. Ao longo do tempo, as camadas de rocha se retorcem e se movem, às vezes levando os fósseis para o topo.

Vento forte, chuva ou marés podem trazer os fósseis para perto da superfície.

Imaginou-se que o primeiro fóssil de dinossauro encontrado fosse o OSSO DA PERNA DE UM GIGANTE

O primeiro fóssil de dinossauro conhecido foi descrito em 1677, por Robert Plot, que administrava o Museu Ashmolean de Oxford, Inglaterra.

Era a ponta de um enorme osso de coxa. Plot imaginou que fosse de um humano gigante, com pelo menos 2,97 m de altura. Ele se perguntou se poderia ser de um elefante, mas concluiu que o formato era outro.

Esse osso fossilizado foi perdido há muito tempo, mas, agora, acredita-se que fosse de um Megalossauro.

O ANCESTRAL DO MUSARANHO VIVEU 230 MILHÕES DE ANOS ATRÁS

Os dinossauros não tinham um mundo só para eles. Quando eles surgiram começaram a aparecer, também, os primeiros mamíferos. Eles são os ancestrais de todos os mamíferos – incluindo você.

Um dos primeiros mamíferos foi o Eozostrodon, que parecia um musaranho grande.

Com 90 cm de comprimento, ele tinha, como os mamíferos posteriores, o corpo coberto de pelo, sangue quente e a mãe produzia leite para seus bebês.

Eozostrodon

Ao contrário da maioria dos mamíferos posteriores, esses bebês vinham de ovos.

47

O NOME DO IGUANODONTE VEIO DAS IGUANAS

Quando encontraram alguns dentes fossilizados, os caçadores de fósseis ingleses Gideon e Mary Mantell notaram a semelhança com os dentes de um tipo de lagarto chamado iguana. Gideon concluiu que eles deviam vir de uma enorme criatura parecida com uma iguana que não existia mais e, por isso, escolheu o nome de Iguanodonte.

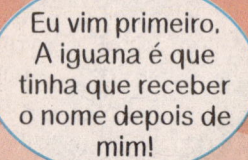

> Eu vim primeiro. A iguana é que tinha que receber o nome depois de mim!

Iguanodonte

Inicialmente, as pessoas achavam que o Iguanodonte andava sobre as patas traseiras, como um canguru, mas, hoje acredita-se que ele andou nas quatro patas.

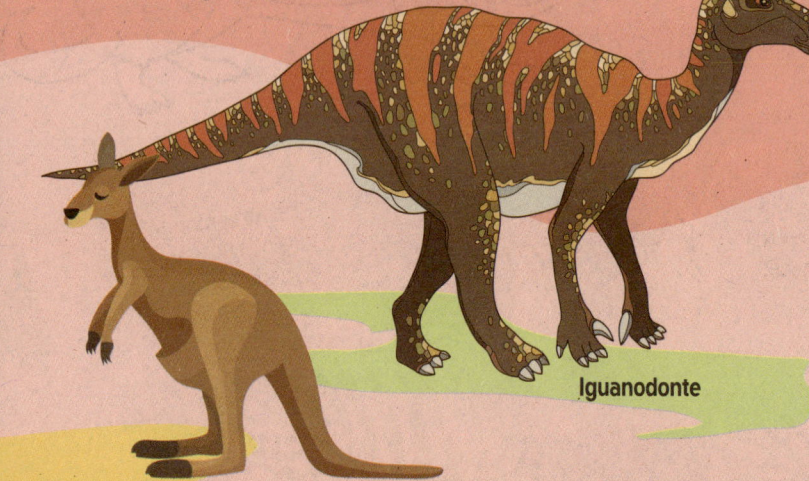

A MAIORIA DOS FÓSSEIS DE DINOSSAURO É ENORME, mas muitos dinos eram pequenos

Não há muitos fósseis de dinossauros pequenos, mas isso não quer dizer que os dinossauros pequenos não estavam por perto.

As coisas não fossilizam facilmente, e a maior parte daquilo que morre nunca se transforma em fóssil.

Ossos e esqueletos pequenos e frágeis se quebram com facilidade - ou são até engolidos por carnívoros que se alimentam de animais mortos.

Hesperonychus elizabethae

América do Norte, 75 milhões anos atrás

Poucos dinossauros pequenos foram fossilizados.

Ah, ah! Eu devoro os pequenos!

É muito difícil esconder os grandes dinossauros, mas pequenos fósseis permanecem enterrados. O minúsculo Hesperonychus foi descrito, pela primeira vez, em 2009. Ele tinha penas e pesava cerca de 1,9 kg - muito pequeno para um dinossauro!

ALGUNS ANIMAIS TINHAM NOMES BOBOS

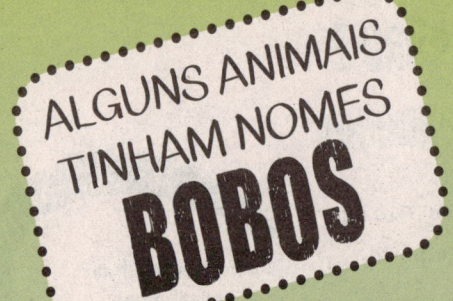

Arthurdactylus é um pterodáctilo cujo nome foi inspirado no autor das histórias de Sherlock Holmes, Arthur Conan Doyle – porque uma de suas histórias tinha um pterodáctilo.

Criolofossauro

Eu sou só um dinossauro!

O Criolofossauro foi apelidado de "Elvissauro" porque o osso do topo da cabeça dele lembrava o penteado do cantor Elvis Presley.

O Bambiraptor ganhou este nome depois do desenho animado Bambi, de Walt Disney.

Um pequeno dinossauro de duas pernas chamado Borogovia, teve seu nome inspirado nos "borogoves", animais imaginários do poema Jaguadarte, de Lewis Carroll, autor de Alice no País das Maravilhas.

Dracorex significa "dragão de Hogwarts". Ele recebeu esse nome na escola de bruxos dos livros de Harry Potter.

Mágico, eu?

Dracorex

O nome Technossauro veio da Universidade de Tecnologia do Texas.

O Gasossauro foi descoberto por uma companhia de gás em 1985.

O dinossauro Irritator recebeu esse nome porque os cientistas perderam muito tempo desfazendo um trabalho grosseiro feito por seu descobridor – e isso os irritou.

Irritator

O Qantassauro recebeu o nome da companhia aérea australiana Qantas, que levou o fóssil a várias exposições.

Eu não sou aquele irritante!

O Poposaurus foi um réptil triássico que andava sobre duas pernas.

VOCÊ PODE BAIXAR UM DINO DIGITAL

O Museu de História Natural do Instituto Smithsonian, de Washington e o Museu de História Natural de Londres planejam fazer cópias digitais de todos os seus fósseis. Aí eles poderão ser usados on-line por pesquisadores de qualquer lugar do mundo.

Crânio do Tricerátopo

O Museu do Instituto Smithsonian tem 40 milhões de fósseis – serão necessários 50 anos para digitalizar tudo. A maioria dos museus tem uma quantidade enorme de fósseis para exibir e alguns estão em caixas que não são abertas há muitos anos.

Alguns vão ser apenas fotografados e descritos, mas outros serão submetidos a tomografia computadorizada, criando um modelo tridimensional completo do fóssil.

Museu de História Natural do Instituto Smithsonian

Brincar com modelos de dinos REVELA A VIDA DE DINOSSAUROS REAIS

Os cientistas usam modelos digitais de fósseis de dinossauros para descobrir como eles se movimentavam, comiam e faziam outras atividades.

Às vezes, é possível fazer mais com um fóssil digital que com um fóssil real. Você pode movimentar, torcer, tentar acrescentar músculos falsos e testar para ver qual será o impacto. Tudo sem correr o risco de quebrar e ter problemas!

A adição de músculos digitais aos crânios dos dinos digitalizados revelou que os saurópodes comiam de modos diferentes. Nem todos comiam o mesmo tipo de comida, assim eles podiam conviver sem correr o risco de ficar sem seus lanches.

OS DINOSSAUROS MAIS BEM CONSERVADOS VIVERAM NO CANADÁ

Um Nodossauro fossilizado, descoberto em 2011 em Alberta, no Canadá, quase foi destruído por máquinas de mineração depois de ficar enterrado por 110 milhões de anos.

O Nodossauro lembra um Anquilossauro com espinhos com 50 cm nos ombros. O fóssil está com a pele perfeitamente preservada, coberta por placas ósseas, e parece mais um dinossauro murcho que um fóssil. Os cientistas podem até dizer que é bem provável que ele tivesse a pele avermelhada.

Cuidado aí, pessoal!

O fóssil se partiu ao ser movido. Foram necessários cinco anos e 7 mil horas para liberá-lo, reconstruí-lo e prepará-lo para ser exibido.

OS DINOSSAUROS NÃO ERAM CAPAZES DE ENFRENTAR OS TRÓPICOS TRIÁSSICOS

O Triássico foi um período de clima quente e extremo, especialmente nos trópicos.

Havia mais dióxido de carbono no ar, o que deixava o mundo muito mais quente do que é agora. O clima tropical alternava a seca escaldante com a chuva que lavava o solo. Nos períodos quentes e secos, incêndios devastavam as florestas.

As plantas mudavam com tanta frequência na sequência de incêndios, que os dinossauros que comiam plantas não conseguiam permanecer ali – não conseguiam o alimento de que necessitavam.

Apenas os pequenos dinossauros carnívoros conseguiram viver nos trópicos e os únicos animais grandes eram os pseudosuchia, parentes distantes dos crocodilos.

CAROLINA FOI PERSEGUIDA POR CROCODILOS PRIMITIVOS

Carnufex carolinensis significa "açougueiro da Carolina" e é o nome de um animal semelhante ao crocodilo triássico, que caçava nas florestas da Carolina do Norte, nos Estados Unidos, há 231 milhões de anos.

Ele era um crocodilomorfo, o que quer dizer que era um animal em forma de crocodilo.

Ele atingia pelo menos 3 m – o único fóssil é o de um Carnufex jovem, por isso não se sabe quão grande ele deveria ser ao atingir a idade adulta.

Não olhe para trás!

Ainda bem que existem crocodilos aqui!

Os crocodilos modernos e os aligátores descendem de alguns tipos de crocodilomorfo.

OS NOTHOSAURUS FIZERAM O CAMINHO para a água

Os Nothosaurus foram, provavelmente, os primeiros répteis a desistir da vida em terra para ir para o mar.

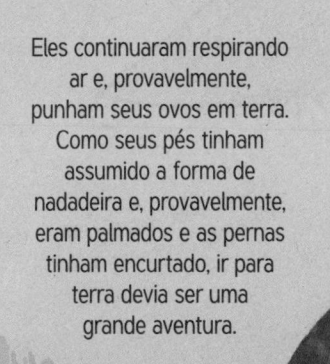

Nothosaurus

Eles continuaram respirando ar e, provavelmente, punham seus ovos em terra. Como seus pés tinham assumido a forma de nadadeira e, provavelmente, eram palmados e as pernas tinham encurtado, ir para terra devia ser uma grande aventura.

É provável que eles nadassem usando o rabo em um movimento ondulado, como fazem os crocodilos atuais.

As "trilhas forrageiras" fossilizadas sugerem que o Nothosaurus levantava a lama do fundo do mar com os pés em forma de pá e comia os animais que o perturbavam.

PTEROSSAURO VS AVES

Os pterossauros eram muito diferentes das aves.

A maioria dos pterossauros era muito maior que a maioria das aves.

As asas do pterossauro podem ter sido ligadas às patas traseiras.

Alguns pterossauros tinham dentes em seus bicos.

Os pterossauros tinham garras ao longo das asas.

Os pterossauros andavam no chão com as quatro patas.

Muitos pterossauros tinham uma crista espetacular, feita de pele e osso, na cabeça. As cristas das aves são só de penas.

OS DINOSSAUROS FORAM AS ESTRELAS DO PRIMEIRO PARQUE TEMÁTICO

Os primeiros dinossauros em tamanho real de todos os tempos foram colocados em ilhas num lago com níveis de água subindo e descendo.

A exposição aconteceu no Palácio de Cristal de Londres, Inglaterra, em 1854 – apenas 12 anos depois que os dinossauros foram nomeados pela primeira vez.

Os modelos mostravam como os primeiros cientistas achavam que os dinossauros eram.

Eles eram atarracados e parecidos com lagartos enormes – nada parecidos com a forma que achamos que os dinos tinham.

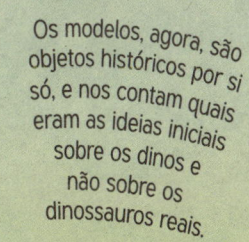

Os modelos, agora, são objetos históricos por si só, e nos contam quais eram as ideias iniciais sobre os dinos e não sobre os dinossauros reais.

O FIM
DO MUNDO DOS DINOSSAUROS

Há 66 milhões de anos, o mundo dos dinossauros chegou ao fim. Um evento exterminou, em massa, os dinossauros não-aves e muitos outros animais.

O provável culpado foi um asteroide – uma rocha enorme que veio do espaço – que se chocou contra a Terra.

A rocha tinha, provavelmente, entre 10 e 15 km de diâmetro.

Uma cratera em Chicxulub, ao largo da costa do México, descoberta em 1991, foi o local atingido pela rocha.

A cratera aberta por ela tinha 180 km de diâmetro.

Foi o fim de uma era... Chuif!

Três quartos das espécies de plantas e animais da Terra foram extintos (morreram).

O impacto cobriu o ar de poeira e detritos, escurecendo o céu.

Na América, a maioria dos animais morreu em minutos ou horas após o impacto.

Ele, provavelmente, causou mudanças climáticas tão grandes que mataram plantas e animais.

O impacto também provocou um tsunami (onda gigante) de 100 m de altura.

2. Pelo mar e pelo ar

OS DINOS NÃO VOAVAM

Embora as aves sejam dinossauros modernos, os animais voadores do mundo dos dinossauros - os pterossauros - não eram dinossauros, e sim répteis voadores.

As aves não evoluíram dos pterossauros. Os pterossauros foram extintos e não deixaram parentes vivos. Eles estiveram aqui uma vez, mas foram embora para sempre.

O pterossauro mais antigo é o Eudimorfodon. Ele viveu há 220 milhões de anos numa região onde hoje é a Itália.

Eudimorfodon

Os pterossauros foram os primeiros vertebrados (animais com espinha dorsal) que conseguiram voar. Eles se espalharam por todos os continentes e sobreviveram por cerca de 150 milhões de anos - uma séria história de sucesso!

E A MAIORIA DOS DINOSSSAUROS NÃO NADAVAM

Embora alguns dinossauros nadassem, muitos eram dedicados marinheiros de água doce. Mas os mares não estavam vazios.

Havia uma boa quantidade de peixes, esponjas, artrópodes (animais com o corpo endurecido, mas articulados externamente, como caranguejos e camarões) e cefalópodes (animais de corpo achatado, como as lulas).

Os ictiossauros tinham a forma de peixe.

Os mosassauros se pareciam com crocodilos com nadadeiras.

Havia répteis marinhos também – répteis que deixaram a terra para viver no mar e se adaptaram à vida na água. Eram quatro tipos principais.

Os plesiossauros e pliossauros eram obviamente répteis, mas com membros em forma de remos.

E as tartarugas marinhas eram... tartarugas parecidas com as tartarugas marinhas de hoje.

OS RÉPTEIS MARINHOS EVOLUÍRAM DOS RÉPTEIS TERRESTRES

...que evoluíram dos anfíbios que, originalmente, vieram de fora da água. Assim, fizeram um círculo completo.

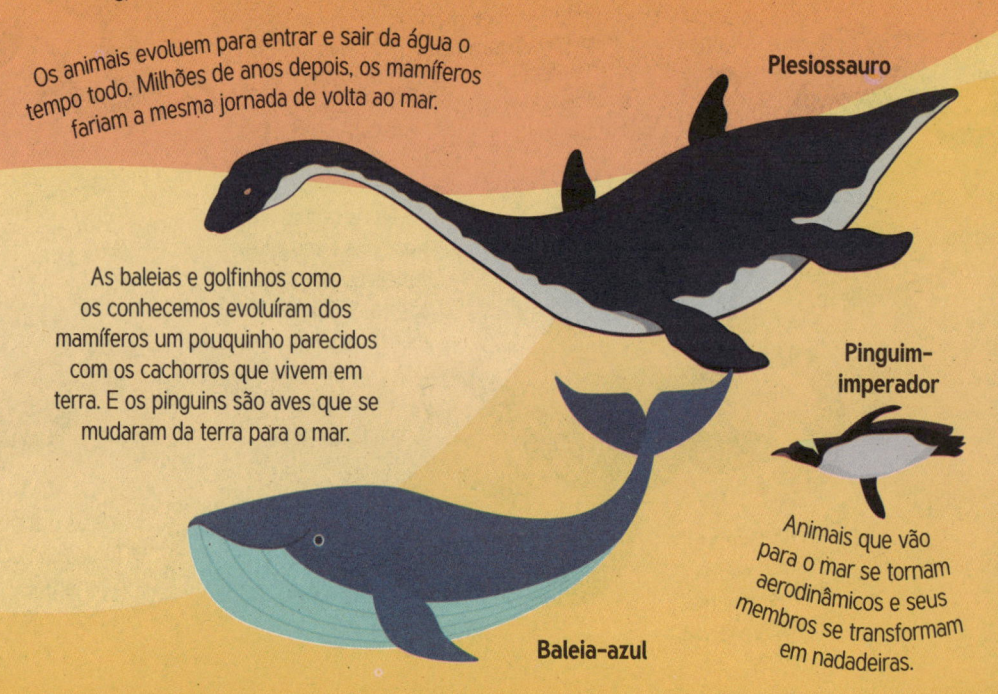

Os animais evoluem para entrar e sair da água o tempo todo. Milhões de anos depois, os mamíferos fariam a mesma jornada de volta ao mar.

Plesiossauro

As baleias e golfinhos como os conhecemos evoluíram dos mamíferos um pouquinho parecidos com os cachorros que vivem em terra. E os pinguins são aves que se mudaram da terra para o mar.

Pinguim-imperador

Animais que vão para o mar se tornam aerodinâmicos e seus membros se transformam em nadadeiras.

Baleia-azul

Os ovos dos pterossauros, provavelmente, tinham cascas macias e semelhantes ao couro das tartarugas, em vez de cascas duras como os ovos das aves.

Os pterossauros de cauda longa tinham um osso na ponta dessa cauda; as caudas das aves são todas de penas.

Alguns pterossauros devem ter tido garras retráteis, como as dos gatos.

Os pterossauros não podiam ficar em galhos de árvores ou em ninhos.

OS MOSASSAUROS DOMINARAM O MAR CRETÁCEO

Os mosassauros eram répteis marinhos imensos, com mais de 15 m de comprimento.

Eles eram a última coisa que você gostaria de encontrar no mar, 85-65 milhões de anos atrás. Com mandíbulas de 90 cm de comprimento e dentes semelhantes a punhais, com 7,5 cm cada um, eles eram verdadeiras máquinas de matar, os mais ferozes predadores que os mares já viram.

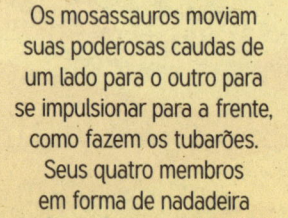

Os mosassauros moviam suas poderosas caudas de um lado para o outro para se impulsionar para a frente, como fazem os tubarões. Seus quatro membros em forma de nadadeira ajudavam a dirigir.

Eles deviam ficar espreitando por entre as algas e pedras até que um potencial lanche passasse diante de seus olhos para se lançar.

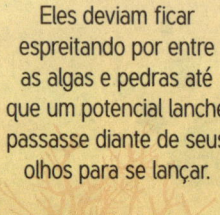

OS MOSASSAUROS COMIAM UNS AOS OUTROS

Um fóssil encontrado em Angola, na África, captou o resultado imediato de um ataque dos ferozes mosassauros.

O fóssil de um enorme mosassauro tinha em seu interior os ossos de dois pequenos mosassauros – tinham sido o seu jantar.

Que biscoitinho duro!

Mas não foi só isso. Havia também dentes de tubarão embutidos no fóssil. Um tubarão não poderia ter enfrentado um mosassauro e sobrevivido, mas poderia abocanhar um morto. Mesmo morto, o mosassauro era duro o bastante para que sua carne arrancasse os dentes do tubarão.

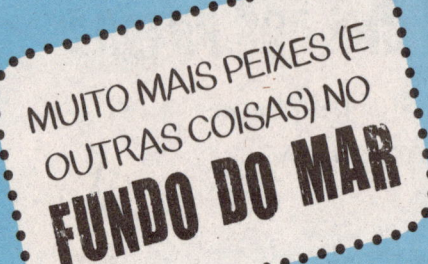

MUITO MAIS PEIXES (E OUTRAS COISAS) NO FUNDO DO MAR

Além dos répteis, o mar era cheio de peixes e outros animais.

E os desleixados niponites pareciam mais um emaranhado de barbantes.

Niponite

Amonite

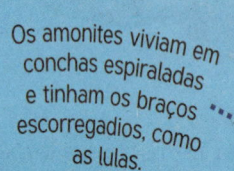

Os amonites viviam em conchas espiraladas e tinham os braços escorregadios, como as lulas.

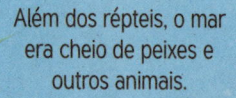

Belemnite

Os belemnites pareciam lulas – macias por fora com um único pedaço duro em seu interior para lhes dar forma.

Heteromorfo

Mas, nem todos eram espiralados. Alguns, chamados heteromorfos, eram desenrolados.

A parte mais dura de um belemnite, chamada esporão, é um fóssil muito comum. Parece um dente comprido e reto.

Os crinoides pareciam plantas, mas eram animais. Os braços longos e ramificados levavam pequenos pedaços de comida para a boca.

Crinoide

Alguns crinoides tinham uma haste longa e ficavam em um único lugar; outros não tinham essa haste e flutuavam.

Ouriço-do-mar

Estrela-do-mar

Água-viva

Mas, nem tudo era estranho e maluco. Também havia muitos peixes, estrelas-do-mar, ouriços-do-mar, mariscos, esponjas e águas-vivas, assim como é atualmente.

Alguns moluscos se instalavam no fundo, próximos a um crinoide, e comiam seus resíduos, que ainda continham bons pedaços. Bom!

O LAGARTO-MONITOR PODERIA SER UM MOSASSAURO TERRESTRE

O moderno lagarto-monitor poderia ser parente do mosassauro.

Como um lagarto, o mosassauro tinha escamas sobre o corpo inteiro, de dois tipos diferentes.

Aquelas que ficavam na parte superior do corpo tinham uma forma especial para não refletir, fazendo com que o mosassauro não fosse visto pelas presas que estavam acima. As escamas da parte inferior eram lisas.

Como alternativa, os mosassauros podem ter um maior parentesco com as cobras. Alguns cientistas especialistas em fósseis se perguntam se isso significa que as cobras podem ter evoluído primeiro na água. Atualmente, existem cobras terrestres e cobras d'água.

Eu sou muito mais mosassauro que você!

O DENTE CERTO PARA O TRABALHO

Havia uma porção de tipos diferentes de mosassauros, alguns maiores que os outros.

Eles tinham dentes diferentes, de acordo com os tipos de coisas que eles comiam.

Os grandes mosassauros podiam comer qualquer coisa no mar, até tubarões. O mosassauro podia atingir os 15 m e tinha dentes pontudos como punhais, que poderiam cortar qualquer coisa. Ele era o T-Rex dos mares.

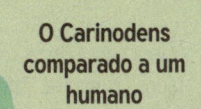

O Carinodens comparado a um humano

O menor mosassauro foi o Carinodens. Com pouco menos de 3 m de comprimento, ele tinha dentes arredondados, apropriados para esmagar as conchas dos moluscos e crustáceos que capturava em águas rasas perto da costa.

O TYLOSAURUS ENGOLIA ATÉ A MAIOR DAS REFEIÇÕES DE UMA SÓ VEZ

O mosassauro Tylosaurus tinha uma mandíbula articulada, que podia abrir bastante.

Isso significa que, como uma cobra, ele podia engolir sua presa inteira sem necessidade de mastigá-la ou parti-la em pedaços. Seus dentes eram adaptados para perfurar, não para morder ou mastigar.

Uma cobra pode separar os dois lados do maxilar inferior, esquerdo e direito, e movimentar cada lado independentemente. As metades se conectam por um tendão muito elástico, de modo que a boca não é limitada pela mandíbula. Isso é muito útil quando se quer engolir um tubarão inteiro.

Você é capaz de comer uma pizza inteira!

OS BEBES QUE NASCEM EMBAIXO D'ÁGUA PRECISAM RESPIRAR AR

Embora os répteis marinhos vivam na água o tempo todo, eles continuam respirando ar - eles nunca desenvolveram brânquias como os peixes. Isso significa que eles precisam vir à superfície regularmente para respirar.

Embora os répteis terrestres ponham ovos, os répteis marinhos como os ictiossauros davam à luz seus bebês. É um problemão nascer embaixo d'água se você precisa respirar ar!

Eles tinham que vir direto para a superfície para dar a primeira respirada. É um problema que as baleias e golfinhos modernos também têm.

OS OVOS DE PTEROSSAUROS PODIAM CRESCER

Os pterossauros punham ovos que pareciam ter uma casca macia, como os ovos dos répteis modernos.

As cascas tinham furinhos (poros) grandes o suficiente para a água passar.

Isso significava que, em vez de a mamãe pterossauro ter que colocar no ovo tudo o que o bebê em crescimento precisaria, incluindo água, ela podia juntar coisas mais úteis para sua cria sem se preocupar com a água.

O ovo poderia absorvê-la do solo úmido onde, provavelmente, estaria enterrado, crescendo ao fazê-lo.

OS CIENTISTAS DESENHARAM UMA LULA PRÉ-HISTÓRICA USANDO SUA PRÓPRIA TINTA

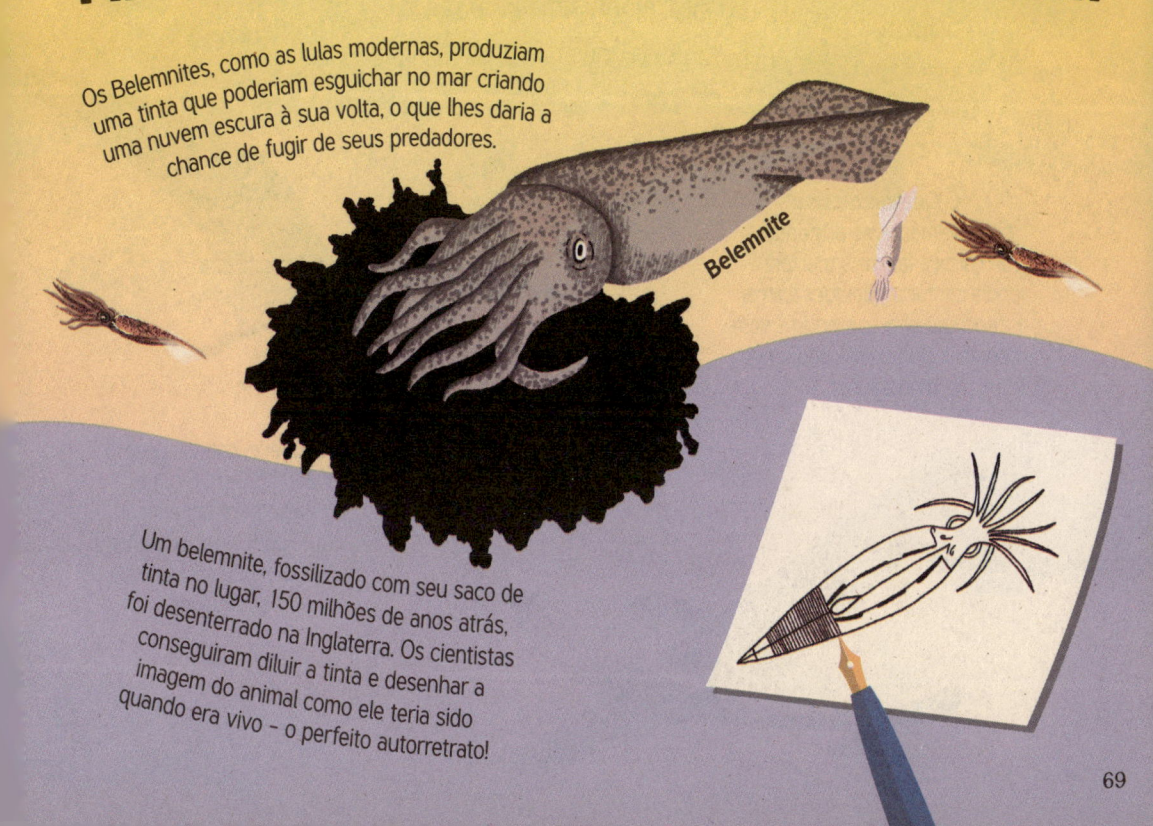

Os Belemnites, como as lulas modernas, produziam uma tinta que poderiam esguichar no mar criando uma nuvem escura à sua volta, o que lhes daria a chance de fugir de seus predadores.

Belemnite

Um belemnite, fossilizado com seu saco de tinta no lugar, 150 milhões de anos atrás, foi desenterrado na Inglaterra. Os cientistas conseguiram diluir a tinta e desenhar a imagem do animal como ele teria sido quando era vivo – o perfeito autorretrato!

O Quetzalcoatlus era TÃO GRANDE QUANTO UM AVIÃO

Um pterossauro tão alto quanto uma girafa observou a América do Norte, voando pelos céus há 77-66 milhões de anos.

O Quetzalcoatlus, provavelmente, se alimentava de carniça (animais mortos) e podia capturar qualquer animal usando seu bico comprido e sem dentes, incluindo até pequenos dinossauros.

Seu corpo era pequeno, mas ele se valia, principalmente, das asas – de uma ponta à outra eram quase 12 m, mesmo tamanho de um pequeno avião.

O Quetzalcoatlus pesava 250 kg. Este é o maior peso para um animal que pode voar, portanto, dificilmente seu recorde será batido.

AS ASAS DE UM PTEROSSAURO SE DESENVOLVEM AO LONGO DE UM DEDO COMPRIDO

As asas do pterossauro, na verdade, são suas mãos.

O cotovelo do pterossauro ficava próximo ao corpo; a articulação no meio das asas é o punho e toda a extremidade mais longa das asas é um quarto dedo estendido.

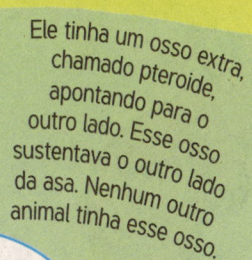

Pteroide

Ele tinha um osso extra, chamado pteroide, apontando para o outro lado. Esse osso sustentava o outro lado da asa. Nenhum outro animal tinha esse osso.

Tinha também a pele esticada entre a ponta do dedo e o corpo ou a perna. Imagine se apenas um de seus dedos fosse realmente muito comprido.

Acho que vou deixar meu dedo como está! Obrigado!

OS PTEROSSAUROS LEVANTAVAM VOO SALTANDO

Ao contrário das aves, quando estavam em terra, os pterossauros usavam as asas dianteiras como pernas.

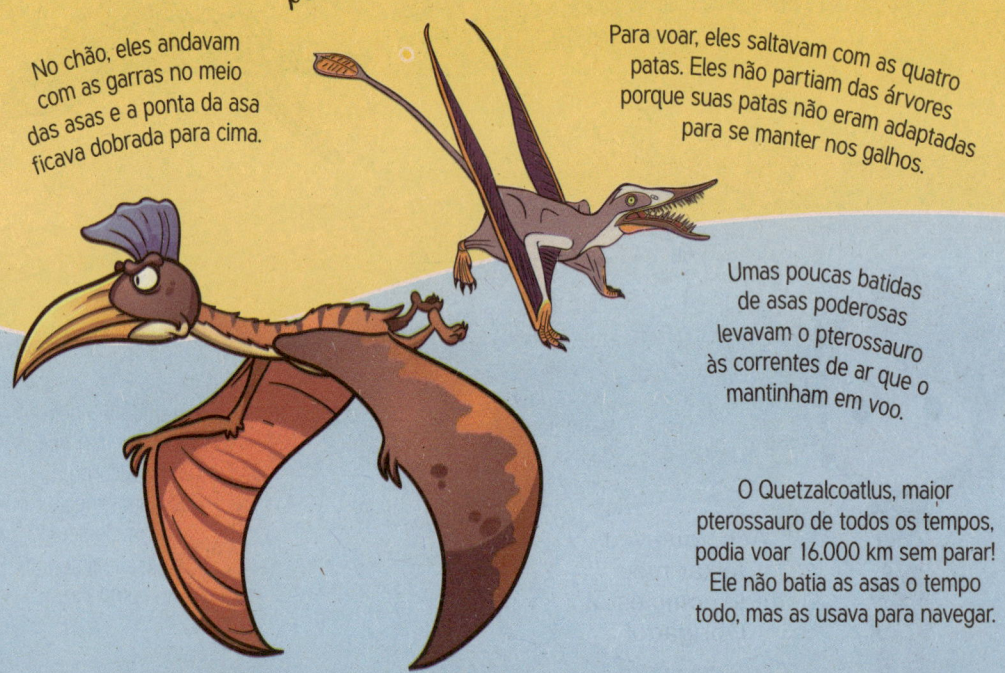

No chão, eles andavam com as garras no meio das asas e a ponta da asa ficava dobrada para cima.

Para voar, eles saltavam com as quatro patas. Eles não partiam das árvores porque suas patas não eram adaptadas para se manter nos galhos.

Umas poucas batidas de asas poderosas levavam o pterossauro às correntes de ar que o mantinham em voo.

O Quetzalcoatlus, maior pterossauro de todos os tempos, podia voar 16.000 km sem parar! Ele não batia as asas o tempo todo, mas as usava para navegar.

OS PTEROSSAUROS TINHAM PENAS

O corpo de alguns pterossauros era coberto por uma fina penugem, como o cabelo dos mamíferos, chamada picnofibra.

Aparentemente, os pterossauros tinham o pelo curto.

Não parece felpudo e fofo?

Mas, as picnofibras não são exatamente iguais a pelos. Elas tinham apenas uma pequena raiz presa à pele do pterossauro, enquanto o pelo dos mamíferos é profundamente enraizado. Elas eram fios simples, sem estrutura interna.

Até o mais antigo dos pterossauros tinha picnofibras. É possível que elas os ajudassem a permanecer quentinhos.

ALGUNS PTEROSSAUROS TINHAM ATÉ PENAS

Até 2018, ninguém achava que os pterossauros tinham penas.

E então, dois pterossauros que viviam na China há cerca de 160 milhões de anos foram encontrados com manchas de três tipos diferentes de penas em seus corpos.

Eu sou fofo e peludo!

O pescoço, a cabeça e as asas tinham penas, o resto do corpo era peludo.

Como muitos dinos tinham penas, e agora os pterossauros tinham penas, a explicação mais simples é que seus ancestrais comuns desenvolveram penas.

Penas, eu?!

Isso faz com que as penas tenham, pelo menos, 250 milhões de anos – 80 milhões de anos mais velhas do que se imaginava. Melhor ainda, pode até significar que já existiram crocodilos com penas.

As penas dos pterossauros
ERAM RUIVAS

Os paleontologistas podem, às vezes, encontrar pigmentos em penas fossilizadas mostrando como elas deviam ser em vida.

Os dois pterossauros emplumados eram ruivos!

O ruivo parece ter sido muito popular entre as criaturas pré-históricas.

Também foram encontrados dinossauros emplumados e aves primitivas com penas pretas e avermelhadas. Provavelmente, devia ser uma boa cor para mantê-los escondidos nas florestas, coisa que acontece com muitas aves atuais, que são marrons.

Essa cor de pena é linda!

TOP PTEROSSAUROS

Tupandactylus, um pterossauro que viveu no Brasil há 112 milhões de anos, tinha uma crista ridiculamente grande, quase tão comprida quanto seu corpo.

Os maiores pterossauros tinham uma envergadura de mais de 9 m.

A maior ave atual é o Albatroz-errante, com uma envergadura de 3,5 m – os pterossauros podem ter sido cinco vezes maiores!

Tupandactylus

O Hatzegopteryx foi o principal predador da ilha de Hateg, hoje parte da Romênia. Ele comia até pequenos saurópodes.

Albatroz-errante

Hatzegopteryx

O Nemicolopterus foi um dos menores pterossauros. Com uma envergadura de apenas 25 cm, ele era do tamanho de um pardal.

Nemicolopterus

Pterossauros como o Anhanguera tinham dentes assustadores, que se destacavam em ângulos estranhos – perfeitos para capturar peixes sem deixá-los escapar.

Pteranodonte

O Nyctosaurus tinha a crista bifurcada, cerca de duas vezes e meia maior que seu crânio.

O Pteranodonte deve ter sido comum há 85 milhões de anos – milhares de fósseis foram encontrados na América do Norte.

Anhanguera

Um dos maiores pterossauros triássicos foi o Caelestiventus, cuja envergadura era de 1,5 m e 110 dentes, quatro dos quais com 25 cm de comprimento. Ele viveu em Utah, há 200 milhões de anos.

Caelestiventus

OS ICTIOSSAUROS ERAM BANHUDOS

Banha é um tipo de gordura depositada em grossas camadas sob a pele de mamíferos marinhos, como as focas e baleias. Ela ajuda a isolar o organismo do animal, mantendo-o aquecido nos mares gelados.

Os cientistas descobriram gordura fossilizada num ictiossauro, o que sugere que ele era um animal de sangue quente, como os mamíferos marinhos.

Apenas os animais de sangue quente podem controlar sua temperatura. Eles precisam de isolamento para se manterem estáveis.

Odeio o inverno!

Os répteis modernos são animais de sangue frio. A maioria fica ao sol para se aquecer e se manter ativo. Quando estão frios, ficam inativos e lentos.

HÁ UM FÓSSIL DE UM BEBÊ ICTIOSSAURO NASCENDO

Os répteis atuais põem ovos, mas os paleontologistas acreditam que muitos répteis marinhos davam à luz seus filhotes.

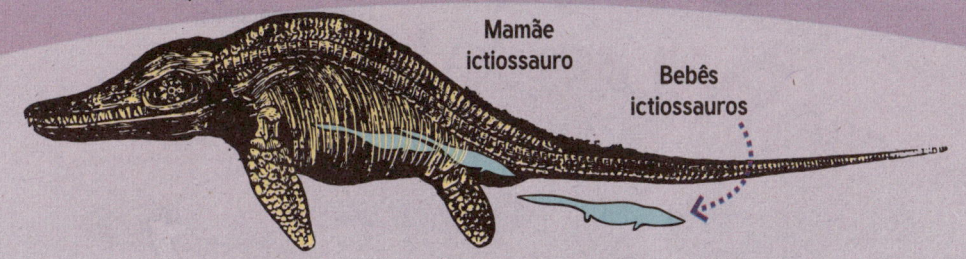

Mamãe ictiossauro

Bebês ictiossauros

Os estudiosos sabem que pelo menos alguns répteis marinhos davam à luz suas crias porque existem fósseis dos bebês e até mesmo de um deles nascendo.

Em 2011, um fóssil de 248 milhões de anos foi encontrado na China e mostra uma mamãe ictiossauro com um bebê já nascido, um dentro de sua barriga, e outro saindo.

Se pusessem ovos, eles teriam que estar em terra para que os bebês pudessem respirar quando os ovos eclodissem. Imagine um ictiossauro tentando lutar na terra – isso não daria certo.

É um bebê velho!

Alguns pterossauros gostavam
DE CAVAR NA LAMA

Germanodactylus

Eles não usavam pás para cavar, e sim os bicos. O pequeno pterossauro alemão Germanodactylus tinha o bico pontiagudo e curvado para trás. Eles não tinham dentes na parte da frente do bico, mas atrás havia alguns.

Os paleontologistas sugerem que o Germanodactylus remexia a lama com o bico para encontrar conchas e outros invertebrados que viviam ao longo da costa para depois esmagá-los com os dentes de trás.

Atualmente, o alfaiate usa o bico de forma semelhante para vasculhar a lama atrás de comida. Huum!

OS PRIMEIROS RÉPTEIS PLANADORES ERAM MAIS VELHOS QUE OS DINOSSAUROS

Os pterossauros se aperfeiçoaram, planando e voando com asas de pele, mas não foram os primeiros a fazê-lo.

O Coelurosauravus, que se parecia com um lagarto, tinha abas de pele que saíam do lado do corpo, e devia usá-las para deslizar por entre as árvores. Ele não chegava a voar – era mais um salto cheio de estilo – e suas asas eram enrijecidas com hastes de osso.

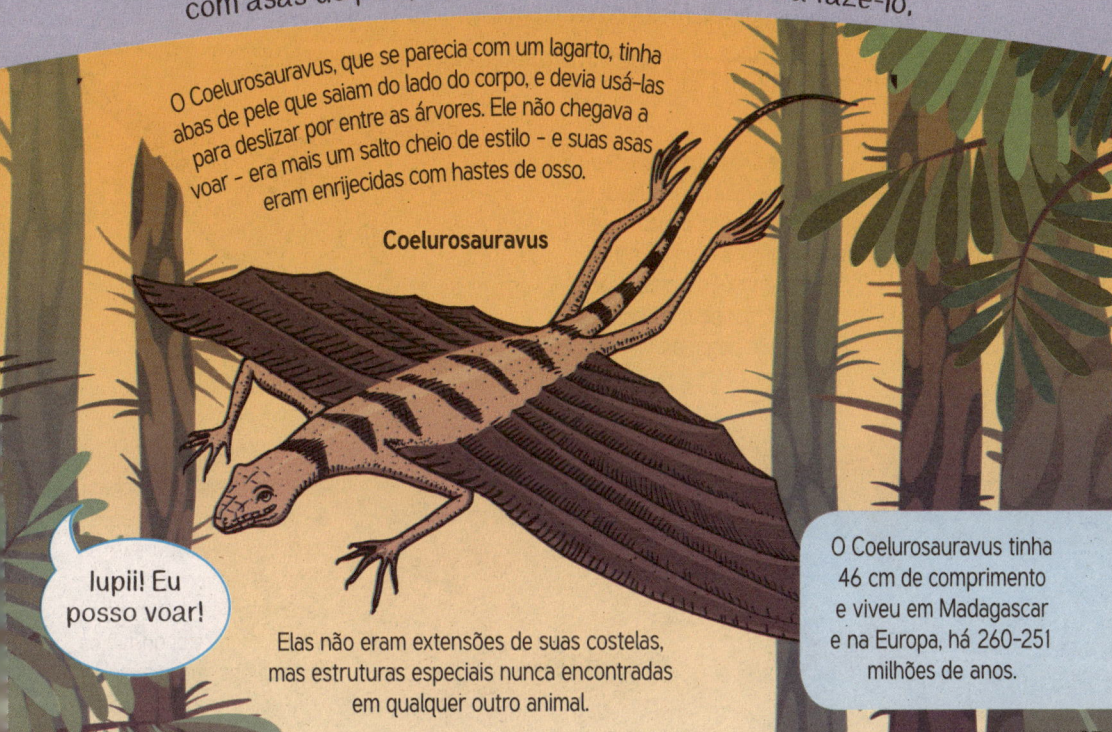

Coelurosauravus

Iupii! Eu posso voar!

Elas não eram extensões de suas costelas, mas estruturas especiais nunca encontradas em qualquer outro animal.

O Coelurosauravus tinha 46 cm de comprimento e viveu em Madagascar e na Europa, há 260-251 milhões de anos.

MUITOS PTEROSSAUROS COMIAM PEIXE

Vários tipos de pterossauro viviam perto da costa e, por isso, caçavam peixes. Eles voavam sobre o mar ou um rio e aí mergulhavam para capturar peixes perto da superfície.

Para eles, sair da água não era fácil, faltava habilidade. Provavelmente, tinham que bater muito as asas e lutar por algum tempo. E isso dava aos animais marinhos a chance de pegá-los.

Alguns pterossauros tinham dentes pontudos e afiados com os quais seguravam firmemente os peixes escorregadios. Outros não tinham dentes e engoliam os peixes diretamente, como as aves marinhas modernas.

Os ictiossauros eram como BALEIAS REPTILIANAS

Peles de ictiossauro ainda flexíveis foram encontradas em 2018, mostrando que o animal tinha uma pele lisa e sem escamas.

A maior parte dos répteis tem pele escamosa. Parece que os ictiossauros perderam as escamas quando voltaram para o mar. Seus membros também se transformaram em nadadeiras e uma camada de gordura cresceu sob a pele para mantê-los aquecidos.

Mamíferos modernos, como as baleias, tiveram as mesmas adaptações para a vida na água. Perderam os pelos do corpo, comuns nos mamíferos, trocaram as pernas por nadadeiras e desenvolveram uma camada de gordura.

Até a pigmentação era semelhante à dos mamíferos marinhos. O ictiossauro era escuro em cima e claro embaixo, e isso o ajudava a se camuflar contra a luz filtrada da superfície e contra a escuridão das profundezas. As baleias modernas têm padrões semelhantes.

Os pterossauros provavelmente PLANARAM PRIMEIRO

Ninguém sabe ao certo como os pterossauros evoluíram, mas muitos cientistas acreditam que eles vieram de animais que, inicialmente, pulavam para comer (talvez insetos voadores), depois planaram um pouco e, finalmente, desenvolveram o voo poderoso.

Pteranodonte

Eu já estava aqui!

Alguns dos grandes pterossauros, como o Pteranodonte, continuaram planando.

Eles, certamente, aproveitavam as correntes de ar, como fazem as águias modernas, sendo carregados e mantidos no ar sem se cansar batendo as asas. Eles podem até não ter sido muito bons com a batida de asas e aí aprenderam a planar. Os animais menores provavelmente tiveram que trabalhar bastante batendo as asas mais vezes.

OS PTEROSSAUROS PODIAM SER ATERRORIZANTES

O Hatzegopteryx cresceu no que era então a ilha Hateg, hoje parte da Romênia, na Europa.

Isolado dos outros, parece que o Hatzegopteryx não conhecia as regras para ser um pterossauro e fazia as coisas de maneira bastante diferente.

Longe de ser uma criatura leve e frágil, o Hatzegopteryx era quase tão alto quanto uma girafa e tinha o pescoço curto e atarracado (para um pterossauro), que sustentava uma cabeça grande e pesada.

Hatzegopteryx

Ele usava o bico assustador como uma britadeira contra os pequenos dinossauros da ilha.

Sua mandíbula enorme – 50 cm de largura e mais de 2,5 m de comprimento – era uma das maiores entre todos os animais de quatro patas que viviam em terra.

ALGUNS PTEROSSAUROS TINHAM LEME

Os primeiros pterossauros, como o Dimorfodonte, tinham uma longa cauda óssea que os ajudava a se equilibrar. Os que vieram depois, como o Pterodáctilo, não tinham cauda ou tinham apenas um rabinho pequeno.

A cauda de pterossauros como o Dimorfodonte se movimentava de um lado para o outro, mas provavelmente não se movia para cima e para baixo. Ela se destacava na traseira do animal.

Ela era útil como leme, ajudando o pterossauro a virar, e não estragava sua forma aerodinâmica que o faria cair e se arrastar.

Dimorfodonte

...E ALGUNS PEIXES COMIAM PTEROSSAUROS

Fósseis de peixes ósseos mordendo pterossauros mostram que os peixes pegavam suas presas pela asa quando elas mergulhavam ou estavam tentando levantar voo.

Mas, o fato de terem sido fossilizados em ação mostra que a história também não terminou bem para os peixes. É possível que os dentes apertados do peixe tenham ficado presos na asa de couro do pterossauro e ele não conseguiu se libertar.

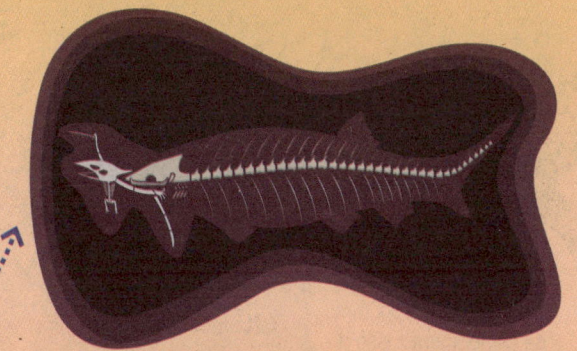

Ambos acabaram afundando na água, onde foram cobertos por sedimentos e fossilizaram, presos para sempre em sua luta.

Muito suspeito!

O Oftalmossauro tinha UM OLHO ÓSSEO

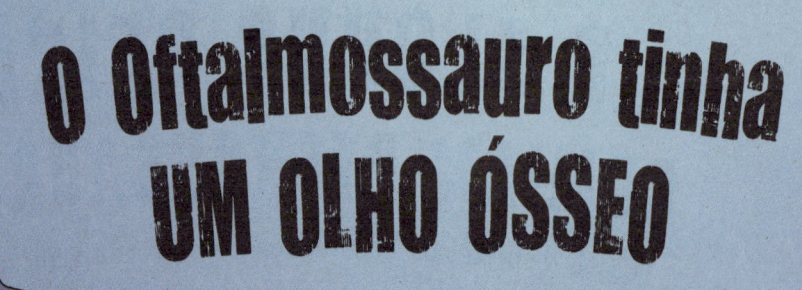

Para o seu tamanho, o ictiossauro Oftalmossauro tinha o olho maior que o de qualquer outra criatura passada ou presente.

Oftalmossauro

Seu olho tinha 23 cm de diâmetro e o corpo, 4 m de comprimento. Isso o ajudava a enxergar nas profundezas do mar, coisa necessária, pois mergulhava fundo para caçar lulas.

Como os outros ictiossauros, o Oftalmossauro tinha um anel ósseo ao redor do olho chamado anel esclerótico, que ficava parcialmente na frente do olho, protegendo-o de ser esmagado ou evitando que saltasse para fora do crânio devido à pressão das águas profundas.

O MONSTRO DO LAGO NESS NÃO É UM PLESIOSSAURO

Algumas pessoas acreditam que um gigantesco animal de pescoço comprido e cabeça pequena vivia no Lago Ness, na Escócia.

Existem relatos da tal criatura há centenas de anos. Mais recentemente, há pessoas que mostram fotos e vídeos e afirmam que se trata do "monstro".

Entre os que acreditam que o monstro existe, alguns dizem que é um plesiossauro que ficou encalhado no lago. Isso é altamente improvável.

Embora o lago seja profundo e escuro, com bons esconderijos, uma família de plesiossauros teria que ter sobrevivido ali por 66 milhões de anos, muito depois de todos os outros terem morrido.

O PTERODAUSTRO COMIA COMO UM FLAMINGO

Enquanto muitos pterossauros tinham dentes afiados e pontudos para fisgar e segurar os peixes, o Pterodaustro tinha centenas de dentes minúsculos, que mais pareciam cerdas ou barbatanas.

Sou bonitão, né?

Ele, provavelmente, não conseguiria morder direito. Para comer, o Pterodaustro, talvez, usasse seus dentes como filtro, absorvendo goles de água e deixando-a cair para engolir qualquer petisco que ficasse preso no bico.

Os flamingos modernos e algumas baleias comem dessa maneira, filtrando a água e engolindo as algas e outros minúsculos animais que ficam retidos na sua boca.

Cerdas na boca de uma baleia-de-barbatana

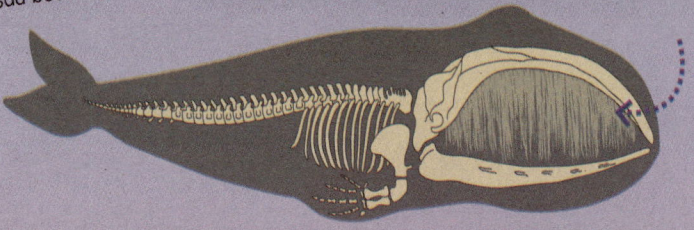

O PTERODAUSTRO DEVIA SER ROSA

Como o pterossauro Pterodaustro comia da mesma forma que os flamingos, é provável que ele comesse o mesmo tipo de coisa – crustáceos, como pequenos camarões de água salgada e algas que vivem no mar.

Pigmentos existentes nesses alimentos dão aos flamingos o tom rosa de suas penas – talvez por isso o Pterodaustro também fosse rosa!

Demais, querida!

O Pterodaustro vivia perto de lagos onde hoje fica a Argentina. Atualmente, os flamingos também vivem na América do Sul.

Os flamingos não têm parentesco com o Pterodaustro – eles apenas evoluíram de maneira semelhante. Isso recebe o nome de evolução convergente. Ou seja, os animais não têm qualquer relação, mas têm características semelhantes.

OS PTEROSSAUROS ERAM UM POUCO PARECIDOS COM GIRAFAS VOADORAS

O Quetzalcoatlus não foi só o maior pterossauro, ele também era tão grande quanto uma girafa e, como os outros animais de sua espécie, tinha o pescoço muito comprido.

Alguém mais aqui está se sentindo um pouco estranho?

O pescoço de um pterossauro costumava ter três vezes o comprimento do seu corpo. Quando estava no chão, ele devia ter as mesmas proporções de uma girafa.

Ao contrário das girafas, a maioria dos pterossauros não era vegetariana. A maior parte comia peixes e outros insetos ou pequenos animais terrestres. É possível que alguns tenham comido frutas, mas improvável, porém, que tenham se alimentado de folhas.

MUITOS PTEROSSAUROS TINHAM CRISTAS RADICAIS

Sou uma maravilha de crista!

Suas cristas eram feitas de osso ou outro material duro, como cartilagem, e cobertas de pele.

Não sabemos quais eram as cores das cristas – podiam ser vermelhas, azuis ou amarelas para chamar a atenção dos parceiros.

Os cientistas não têm certeza se a estrutura de algumas cristas era óssea ou se elas eram preenchidas por um grande pedaço de pele similar a uma vela.

O Thalassodromeus tinha uma das maiores cristas, 1,4 m de comprimento, sobre um crânio. Ele viveu há 100 milhões de anos, no Brasil.

Thalassodromeus

O PRIMEIRO PTEROSSAURO FOI CONFUNDIDO COM UMA CRIATURA DO MAR

Quando encontrou o primeiro fóssil de pterossauro, em 1784, o cientista italiano Cosimo Collini achou que tinha descoberto um animal marinho que usava os braços como remos.

Em 1801, o cientista francês Georges Cuvier decidiu que eles voavam e não nadavam.

Muitos deles, provavelmente, mergulhavam na água para pegar peixes ou outros alimentos, mas não deviam ficar muito tempo na água.

Cuvier também inventou o nome pterodáctilo, que quer dizer "dedo alado". Atualmente, os chamam de pterossauros. Pterodáctilo é apenas um tipo. Diferentes pterossauros viveram ao redor do mundo.

O TYLOSSAURO pode ter levado o adversário quase à morte - USANDO O NARIZ

Ao contrário de outros mosassauros, o Tylossauro tinha um pedaço comprido de osso na ponta do focinho.

De modo geral, os mosassauros tinham a maior quantidade de dentes possível, mas os dentes do Tylossauro começavam um pouco antes do final do focinho.

As orcas modernas também têm um osso saliente além dos dentes. Provavelmente, para protegê-las quando atacam suas presas, batendo o nariz e jogando o peso do corpo contra elas.

Talvez o Tylossauro fizesse a mesma coisa, usando o focinho como aríete para enfraquecer a presa.

OS PLACODONTES ERAM METADE TARTARUGA, METADE MORSA

Ou se pareciam com isso. Eles faziam parte de um dos grupos mais estranhos de répteis marinhos.

Placodus

Os primeiros placodontes, como o Placodus, pareciam estar mais próximos da extremidade da morsa.

Tipos posteriores, como o Henodus, tinham placas ósseas protetoras pelo corpo todo, fazendo com que se parecessem com tartarugas esmagadas.

Eles comiam mariscos e a maioria tinha dentes próprios para tirá-los das pedras e esmagar suas conchas.

Por ser pesado, poderia ter dificuldade no trabalho em terra. Talvez se movessem lentamente e os que não tinham casco corriam risco diante de seus predadores.

O Henodus tinha só dois dentes. Eles deviam servir como filtros ou raspadores de plantas do fundo do mar.

A concha do Henodus ia além de seus membros, parecendo um frisbee.

O maior placodonte tinha pouco menos de 3 m de comprimento – um pouco pequeno se comparado a outros répteis marinhos.

Henodus

Eles punham seus ovos em terra. Os bebês, tal como as tartarugas marinhas modernas, provavelmente, tinham que correr para o mar para evitar servirem de comida para os predadores.

Eles viviam próximo ao fundo do mar. Seus ossos densos e pesados, além das placas ósseas, facilitavam a permanência no fundo.

O PREDADOR X FOI UM MONSTRO DO MAR JURÁSSICO

Um fóssil enorme de um pliossauro, originalmente chamado de Predador X, por ser muito grande e feroz, foi encontrado em Svalbard, na Noruega, perto do Polo Norte.

Estou louco por um lanchinho!

Ele atingiu 12 m de comprimento. Um sexto de seu comprimento era o crânio, repleto de dentes gigantes. Sua mordida era quatro vezes mais poderosa que a de um T-Rex.

Caramba!

Agora, o Predador X é chamado de Pliosaurus funkei, que soa como menos vilão num filme de super-heróis. Ele era tão grande que podia comer plesiossauros de pescoço comprido no jantar.

OS FÓSSEIS DE ICTIOSSAURO TINHAM UMA CAUDA ESTRANHA

Quando foram encontrados pela primeira vez, os ictiossauros pareciam ter uma cauda que, de repente, virava para baixo formando um ângulo acentuado.

Sem osso

Ossos da cauda

Isso porque, a parte de baixo da cauda inferior tinha ossos, mas a parte superior tinha apenas cartilagem (um material resistente que é um pouco mais flexível que o osso). O osso havia se fossilizado, mas a cartilagem tinha desaparecido, restando apenas metade da cauda.

Só quando foi encontrado um fóssil mostrando a impressão da cauda inteira os cientistas puderam ver que ele tinha a cauda de um peixe normal.

Não acredito que vocês achavam minha cauda estranha!

OS ICTIOSSAUROS ERAM TOTALMENTE NEGROS

Os cientistas descobriram substâncias químicas pigmentadas na pele fossilizada de ictiossauros que mostram que eles eram totalmente negros.

Atualmente, muitas criaturas marinhas são escuras no dorso e brancas embaixo, pois a sombra ajuda a camuflá-las contra a filtragem da luz na água.

Mas, parece que o ictiossauro estudado era escuro tanto em cima quanto embaixo.

Estou quentinho!

Ter a parte de cima do corpo negra ajuda um animal no mar a absorver melhor a energia solar (para se aquecer) quando ele está próximo da superfície. Nas profundezas escuras, você pode ser negro e ninguém o verá, de jeito nenhum!

OS PTEROSSAUROS CONTINUARAM CRESCENDO

A maioria dos animais é pequena ao nascer, cresce até chegar à idade adulta e depois para.

Os paleontologistas acreditam que os pterossauros, talvez, não soubessem quando parar e continuavam crescendo enquanto viviam. Isso poderia explicar por que alguns eram realmente muito grandes.

Qual de nós vai ser o maior?

Os pterossauros bebês tinham que se virar sozinhos desde que nasciam.

Tomara que seja eu!

Eles, talvez, pudessem voar logo após saírem dos ovos. É improvável que os papais pterossauros ficassem perto do ninho por muito tempo, trazendo comida para os filhotes preguiçosos. A vida não era nada fácil milhões de anos atrás.

3. O corpo dos dinossauros

OS DINOSSAUROS TINHAM PENAS

Muitos terópodes tinham penas e há cada vez mais evidências de que outros dinos também eram emplumados.

Algumas penas primitivas, ou protopenas, eram mais ou menos como os espinhos do porco-espinho – que são como a parte central da pena de uma ave sem os pedaços de pena. As mais finas eram filamentos, fios similares aos cabelos.

Alguns dinossauros tinham apenas algumas penas ou uma fileira de filamentos em algum lugar do corpo, enquanto outros tinham penas praticamente no corpo todo.

Deinonico

A maioria não usava suas penas para voar. As penas, provavelmente, os mantivessem aquecidos e talvez lhes dessem uma camuflagem para se mesclar ao ambiente à sua volta.

OS DINOSSAUROS FORAM PICADOS POR CARRAPATOS

Os dinossauros foram incomodados pelos insetos da mesma forma que os animais e os humanos modernos.

Uma pulga fossilizada de mais ou menos 165 milhões de anos parece ter sugado sangue de dinossauro.

Maiores que as pulgas modernas, com quase 2,5 cm de comprimento, esses insetos de aparência assustadora tinham uma parte da boca que parecia uma serra, capaz de cortar uma pele grossa.

Um pedacinho preservado da cauda de um dinossauro, com 100 milhões de anos, tem até um pequeno carrapato, um aracnídeo de oito patas que se alimenta do sangue dos animais maiores.

Some daqui, pulga chata!

Nham, nham!

OS DINOSSAUROS CRESCERAM MAIS DE UMA VEZ

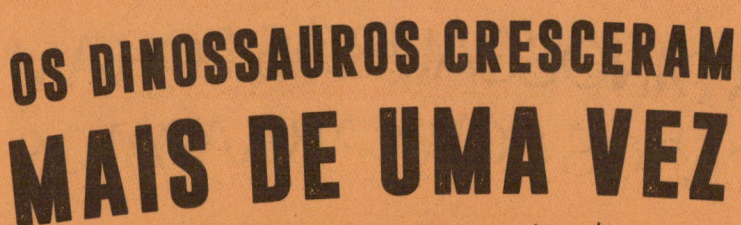

Os maiores dinossauros - os maiores animais terrestres de todos os tempos - foram os gigantescos saurópodes jurássicos. Mas, 30 milhões de anos antes deles, havia um grupo diferente de grandes dinossauros.

Ingentia

O Ingentia, cujo nome significa "primeiro gigante", foi descoberto em 2018. Tinha uma forma similar à dos saurópodes que viveram depois, mas ele mesmo não era exatamente um saurópode.

Ele chegou aos 10 m, o que não é, nem de longe, tão grande quanto os gigantes jurássicos, mas, ainda assim, era muito grande! O Ingentia viveu na Argentina há mais ou menos 190 milhões de anos. Os grandes saurópodes não evoluíram a partir dele - e sim desenvolveram-se muito de forma totalmente independente.

OS DINOSSAUROS ERAM UM GRUPO SAUDÁVEL

Há poucas evidências de doenças entre os dinossauros.

Dois Iguanodontes de um bando encontrado na Bélgica apresentavam osteoartrite no tornozelo, que é um problema articular bem dolorido.

Poucos dinos foram encontrados com nódulos que poderiam ser câncer. Apenas um em mil dinossauros examinados tiveram ossos quebrados. Um dinossauro bico de pato apresentou um abcesso dentário.

Iguanodonte

Meu tornozelo está doendo de novo!

Os dinossauros podem ter tido doenças leves, como gripes, resfriados e alguns problemas de estômago, mas não deixaram nenhuma evidência. Em geral, os dinos deviam ser mais saudáveis que nós!

DENTES DE DINOSSAURO
ADAPTADOS AOS ALIMENTOS

O Diplodoco tinha dentes em forma de cavilha, compridos e finos. Ele os usava como um pente para arrancar as folhas dos galhos.

Sem dentes para mastigar, saurópodes como o Diplodoco engoliam a comida inteira.

Dinos carnívoros como o T-Rex tinham dentes grossos e afiados, semelhantes a punhais, para rasgar a carne de suas presas.

Os dentes dos comedores de carne eram quase sempre serrilhados como uma faca de pão. Facilitava muito na hora de fatiar.

O Espinossauro tinha dentes afiados e cônicos, perfeitos para capturar e segurar peixes escorregadios.

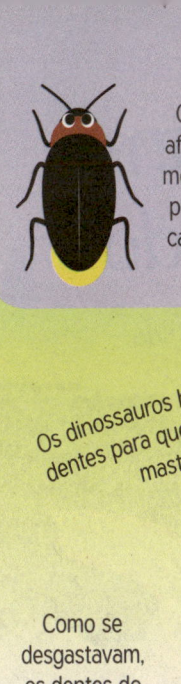

Os minúsculos e afiados dentes dos menores terópodes podiam perfurar a carapaça dura dos insetos.

Os dentes do Nigersaurus eram substituídos a cada 14 dias. Ele, então, tinha dentes caindo e nascendo todos os dias.

Os dinossauros herbívoros, geralmente, tinham dentes para quebrar o material vegetal duro e mastigar antes de engolir.

A maioria dos dinos mantinha cada dente por apenas um mês antes de crescer o substituto.

Muitos dinossauros ornitisquianos tinham um bico duro próprio para cortar galhos duros.

Como se desgastavam, os dentes do Tricerátopo se autoafiavam, readquirindo a forma ideal.

Alguns dinos deixaram só um sorriso fossilizado

Fileiras de dentes separados da mandíbula, às vezes, são tudo o que restou de uma cabeça de saurópode.

Os paleontologistas dão a essas fileiras o nome de "dentaduras", porque elas lembram os conjuntos de dentes postiços que as pessoas podem usar quando perdem os dentes naturais.

Camarassauro

Os dentes são mantidos juntos como um grupo por um tecido conjuntivo essencial na mandíbula do animal, que faz parte de suas gengivas. Elas parecem ter percorrido um longo caminho em dinossauros como o Camarassauro. Só o topo dos dentes em formas de colher se prendia às gengivas.

OS DINOSSAUROS TINHAM A CABEÇA OCA – OU PELO MENOS PESCOÇOS OCOS

Ser enorme é um grande desafio para o corpo.

Músculos grandes e ativos e um intestino também grande e cheio de comida provocariam muito calor. O dinossauro podia ficar perigosamente superaquecido se não conseguisse se livrar do excesso de calor com um sistema de ventilação.

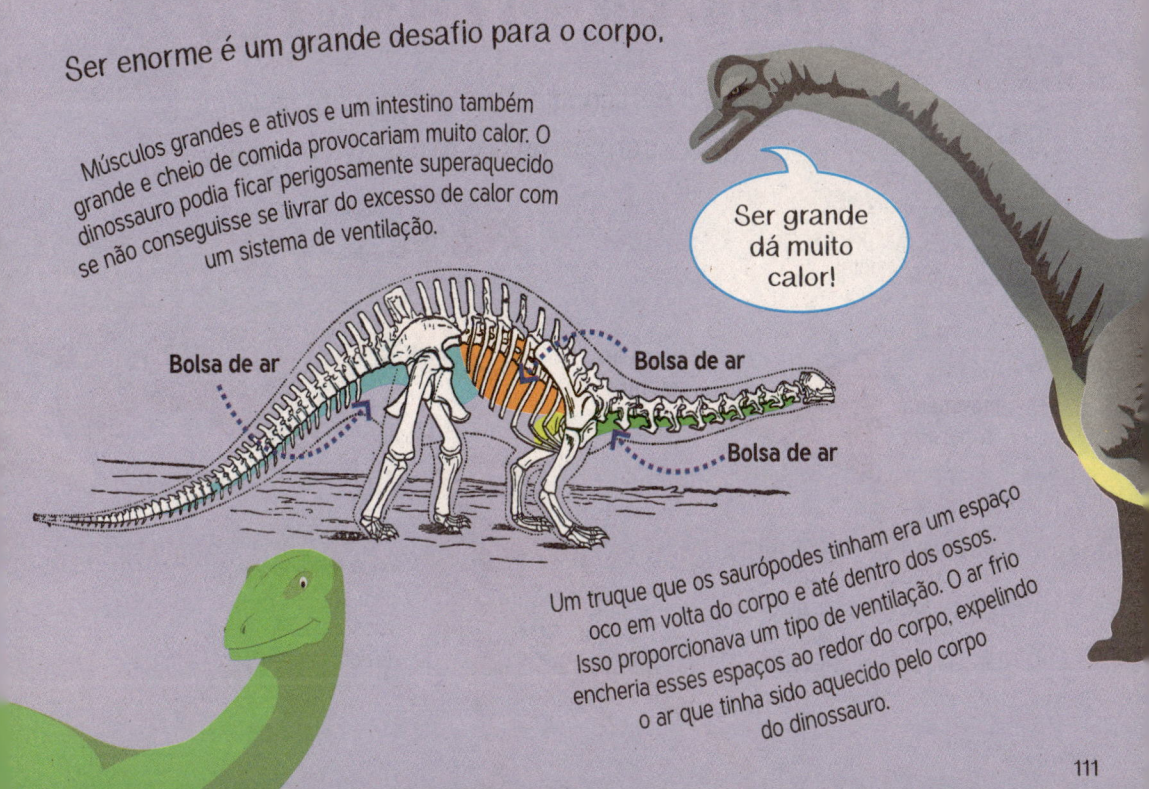

Ser grande dá muito calor!

Bolsa de ar   **Bolsa de ar**

Bolsa de ar

Um truque que os saurópodes tinham era um espaço oco em volta do corpo e até dentro dos ossos. Isso proporcionava um tipo de ventilação. O ar frio encheria esses espaços ao redor do corpo, expelindo o ar que tinha sido aquecido pelo corpo do dinossauro.

OS DINOSSAUROS NÃO FICAVAM OFEGANTES

Os dinos tinham uma maneira eficiente de respirar, a mesma das aves e crocodilos modernos, que não os deixava ofegantes.

Mesmo perseguindo sua presa a até 65 km/h, o dinossauro carnívoro não ficava ofegante.

narina

movimento separado

ar entrando

narina

Seus pulmões funcionavam como um fole, com pequenos ossos que moviam as costelas e o esterno, para expandir o peito e inspirar o ar.

As aves respiram com a boca fechada e inspiram o ar pelas narinas. Possivelmente os dinos faziam a mesma coisa.

ALGUNS DINOS TINHAM BICOS

Talvez não seja tão surpreendente que os animais dos quais as aves evoluíram tivessem bico – mas, geralmente, era um bico muito mais parecido com o de uma tartaruga do que com o bico de uma ave.

Dinossauros como o Tricerátopo e o Parassaurolofo tinham um bico com as bordas duras, que podiam prender e cortar os galhos das plantas que eles comiam.

Tricerátopo

O bico era feito de uma camada de queratina sobre o osso da mandíbula, o mesmo material que produz cabelos e chifres.

E ficava bem na frente da boca, porém, mais para trás havia uma camada de dentes triturantes para esmagar as folhas que eles comiam.

Parassaurolofo

Os dinos podem ter tido sangue quente, sangue frio, OU SER MAIS COMO UM ATUM

A maioria dos animais tem sangue quente ou sangue frio.

Animais de sangue quente (incluindo o homem) controlam a temperatura do seu corpo, mantendo-a estável, independentemente das condições externas.

Há anos os cientistas discutem sobre se os dinossauros tinham o sangue quente ou frio, mas, talvez, eles não fossem nem uma coisa nem outra. Os mesotermos podem controlar sua temperatura, mas não a mantém a mesma o tempo todo.

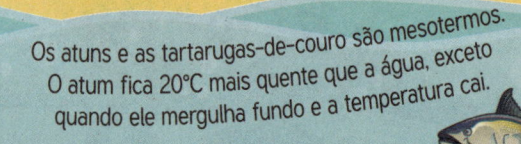

Animais de sangue frio ficam mais quentes ou mais frios à medida que a temperatura ambiente muda. Os répteis modernos são sangue frio: eles se aquecem sob o sol e correm; mas, se faz frio, eles ficam lentos.

Os atuns e as tartarugas-de-couro são mesotermos. O atum fica 20°C mais quente que a água, exceto quando ele mergulha fundo e a temperatura cai.

OS DINOS BICO DE PATO NÃO TINHAM "BICO DE PATO"

Dinossauros como o Edmontossauro, às vezes, são chamados de "bicos-de-pato". Mas, na verdade, eles não tinham o bico como o de um pato.

Crânios fossilizados mostram uma boca parecida com a de um bico de pato, mas o dinossauro vivo, real, tinha mais material sobre seus ossos (você não sai por aí com os ossos à mostra, nem os dinos faziam isso).

Edmontossauro

Eu não estou dizendo "quac" pra ninguém!

A queratina produzia uma estrutura ampla, em forma de bico, com sulcos que pareciam a pá de uma escavadeira. Talvez, ele devesse ser chamado de dinossauro escavador.

Você tem a mesma temperatura DE UM DINOSSAURO

Usando ossos fossilizados de dois dinossauros saurópodes, um Braquiossauro e um Camarassauro, os cientistas descobriram que a temperatura corporal média dos dinos girava em torno de 36 - 38°C.

Braquiossauro

> Sou quente!

É, praticamente, a mesma temperatura de um ser humano! Um homem saudável, geralmente, tem sua temperatura média entre 36,5 e 37,5°C.

> Não mais quente do que eu...

Você tem sangue quente – seu corpo pode controlar a própria temperatura. Os dinos podiam ter sangue quente ou sangue frio e mantinham a temperatura se aquecendo ao sol.

OS DINOS TINHAM MAU HÁLITO – TÃO RUIM QUE ERA MORTAL!

Os dentes de grandes dinossauros carnívoros como o Carnotauro ou o T-Rex deviam reter pedaços de carne, o que atrairia bactérias. Ao atacar a carne, as bactérias faziam com que ela apodrecesse, deixando o dinossauro com um cheiro horrível na boca.

Carnotauro

Posso dizer que você está nojento!

Mas, o cheiro não era realmente o maior problema. O mais importante é que, depois, se o dinossauro mordesse uma potencial refeição, as bactérias seriam transferidas para a ferida.

Mesmo que o jantar dos dinos conseguisse escapar, a bactéria provocaria um ferimento nojento e a vítima ficaria doente. Nesse momento, o dinossauro faminto voltaria...

O COCÔ FOSSILIZADO DOS DINOS PODE NOS DIZER O QUE ELES COMIAM

Os coprólitos são fósseis dos alimentos encontrados no corpo dos dinossauros. Eles podiam também ser alimentos fossilizados nos intestinos do animal, ou ainda o que saía de lá.

Os coprólitos podem mostrar o que um dinossauro realmente tinha comido, enquanto seus dentes indicavam o que era adequado para ele. E nem sempre são a mesma coisa.

Coprólitos

Os cientistas que observavam o cocô dos hadrossauros descobriram que, embora eles fossem considerados vegetarianos radicais, os coprólitos indicavam que eles comiam crustáceos, como caranguejos ou camarões, e madeira podre, que provavelmente continha insetos.

Estes poderiam ter o cálcio de que um dinossauro que punha ovos precisaria para formar as cascas dos ovos.

OS DINOSSAUROS ANDAVAM NAS PONTAS DOS PÉS

Os dinossauros terópodes punham apenas os dedos dos pés no chão, o que fazia com que o tornozelo parecesse estar no meio da perna.

O primeiro dedo do pé ficava abaixo do tornozelo, mas em cima do chão, antes dos outros dedos se dividirem (eles tinham só quatro dedos).

Seus dedos se espalhavam mais que os nossos, parecendo mais com pés de aves.

Primeiro dedo

Segundo dedo

Terceiro dedo

Quarto dedo

Nós éramos muuuuito rápidos!

Esse formato de pé ajudava os dinossauros a correr.

De fato, até os saurópodes andavam na ponta dos pés, embora isso não fosse assim tão óbvio (veja a página 150).

OS DINOS GRANDES ERAM MAIS QUENTES QUE OS DINOS PEQUENOS

Substâncias químicas encontradas em cascas de ovos fossilizados revelam que dinossauros pequenos como o Oviraptor tinham uma temperatura corporal de 32°C, enquanto os titanossauros (saurópodes enormes) eram muito mais quentes. Sua temperatura chegava aos 38°C, bem próxima à temperatura em que vivem os mamíferos modernos.

Brrr... Está frio hoje!

Oviraptor

Braquiossauro

Alguém pode inventar um sorvete, por favor?

É possível que os dinos pequenos mantivessem uma temperatura mais baixa de propósito, embora atualmente mamíferos de todos os tamanhos, seja um rato ou uma baleia, mantenham seus corpos aproximadamente na mesma temperatura.

Outra possibilidade é que os grandes dinossauros ficaram mais quentes porque eram muito grandes. Seu problema poderia ter sido o de manter o corpo fresco em vez de se aquecer.

OS TERÓPODES PODIAM BATER PALMAS

Até recentemente, fósseis montados em museus e desenhos de dinossauros mostravam os terópodes com as mãos voltadas para baixo, como se eles pudessem andar de quatro (se seus braços fossem mais compridos).

Mas, fósseis encontrados com todos os ossos no lugar – chamados esqueletos articulados – mostram que suas mãos não eram viradas para baixo. Em vez disso, as palmas das mãos eram voltadas uma para a outra, para que eles pudessem bater palmas.

Eles, provavelmente, não fizeram isso para aplaudir alguma coisa, e sim para bater palmas em torno de alguma criatura que iria virar um banquete.

Venha aqui, meu lanchinho!

Eu só achei que você estivesse feliz por me ver!

Ornitomimo

PENAS, PELO, ESCAMAS E PELE

Alguns dinossauros tinham apenas um punhado de penas simples.

Vários dinos emplumados eram terópodes carnívoros (a mesma forma do T-Rex).

Deinonico

Alguns dinos jovenzinhos podem ter tido o corpo coberto por uma penugem fofa.

As penas, provavelmente, apareceram há 250 milhões de anos nos ancestrais dos dinossauros.

Protocerátopo

Outros dinossauros tinham escamas, como as das pernas das aves ou dos lagartos.

Kulindadromeus

Outros, como o Kulindadromeus, tinham um mix: penas e escamas nas diferentes partes do corpo.

Alguns dinossauros tinham placas ósseas no corpo, as chamadas osteodermas.

Alguns titanossauros (saurópodes gigantes) tinham grandes osteodermas ocos embutidos na pele.

Anquilossauro

Nos dinos como o Anquilossauro, os osteodermas eram grandes placas de osso usadas como proteção.

Muitos dinos tinham protuberâncias na pele – pequenos nódulos salientes que os deixavam nodosos.

Os saurópodes podiam usar a cauda COMO UM CHICOTE

Um dinossauro como o Diplodoco tinha a cauda longa que ficava fina na ponta.

Os paleontologistas acreditam que o animal era capaz de usar a cauda como um chicote com tanta velocidade que quebraria a barreira do som, fazendo um "clic" ou um barulho estridente.

A floresta pré-histórica pode ter sido palco de barulhos, uivos, rosnados, tagarelices, gorjeios e fungadas de diferentes animais e, ocasionalmente, estrondos de uma cauda.

DINOSSAUROS ENORMES PUNHAM OVOS PEQUENOS

Seus ovos não são pequenos!

Eu sou tão pequena!

Os maiores ovos postos atualmente são os dos avestruzes. O avestruz é uma ave grande, com mais de 2 m de altura. Seus ovos têm 15 cm de comprimento – mas eles são pequenos em relação ao tamanho do avestruz.

Os saurópodes gigantes podiam ter 33 m de comprimento – muito, mas muito maiores que um avestruz.

Mas seus ovos eram só um pouco maiores que os dos avestruzes, com 18 cm de comprimento. Isso quer dizer que, ao saírem dos ovos, os dinossauros eram pequenos se comparados aos pais – e eles corriam um sério risco de ser pisoteados e comidos por um predador.

ALGUNS DINOSSAUROS TINHAM PLACAS ÓSSEAS

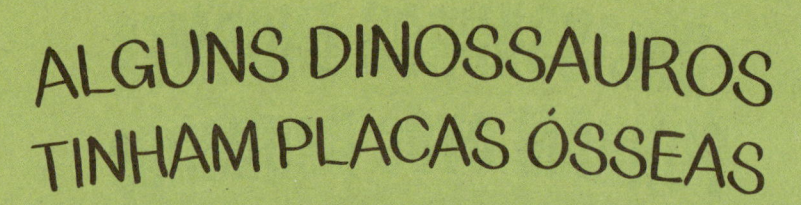

Os Anquilossauros eram dinos atarracados e pesados. Eles só comiam plantas, mas estavam entre os mais fortemente protegidos.

Anquilossauro

Seus corpos eram cobertos com placas ósseas (osteodermas) de diferentes formas e desenhos, e com pontas defensivas.

Essas placas protetoras são impressionantes!

Cheguei primeiro!

Alguns tipos tinham um porrete ósseo na ponta da cauda, que eles podiam balançar com força contra um oponente.

O Anquilossauro tinha até algumas pequenas placas ósseas nas pálpebras. Ele quase não tinha pele desprotegida.

OS DINOSSAUROS TINHAM CASPA

Dinos emplumados que viveram na China há 125 milhões de anos tinham caspa.

Os minúsculos flocos de pele fossilizada, com uma única célula de espessura, ainda não estavam presos ao corpo quando o dinossauro morreu, mas já tinham se soltado e foram encontrados em suas penas.

Até o melhor de nós tem caspa!

Embora, muitos dinos tivessem a pele escamosa em pelo menos algumas partes do corpo, a pele sob as manchas com pelos ou penugens era muito mais parecida com a pele fina das aves e mamíferos modernos. A pele escamosa se solta em pedaços grandes, mas a pele macia e fina cai em flocos – caspa.

ALGUNS DINOS USAVAM AS GARRAS PARA CAVAR

Terópodes ferozes como o Deinonico e o Barionix usavam suas garras como armas, mas alguns dinos herbívoros também tinham garras grandes.

Elas tinham uma forma diferente e eram usadas para agarrar ou puxar o pé em direção à boca do dinossauro ou – segundo algumas pesquisas – para cavar no chão.

Nothronychus

Eu adoraria ter uma escova de unhas!

Animais modernos como os tamanduás e as toupeiras usam as garras para cavar, por isso é justo pensar que alguns dinos podem ter feito a mesma coisa, usando-as para arrancar saborosas raízes para comer.

OS DINOS CAÇADORES ENXERGAVAM TÃO BEM QUANTO AS ÁGUIAS

Os olhos de caçadores como o Troodonte e o T-Rex ficavam na frente da cabeça.

A área que seus olhos podiam ver tinha uma sobreposição de 45 a 60 graus, dando a eles uma visão binocular. Isso os ajudava a avaliar a distância – coisa vital se você estiver tentando atacar uma refeição que vai fugir.

T-Rex

Aves de rapina, como as águias, têm o mesmo arranjo de olhos na frente de uma cabeça estreita.

Tricerátopo

Dinossauros herbívoros, como o Tricerátopo, tinham que ficar atentos aos predadores e, para isso, precisavam ter um amplo campo de visão. Eles tinham olhos em ambos os lados da cabeça para que pudessem ver quase todo o caminho à sua volta. Eles não precisavam de visão binocular, pois as plantas não fogem.

OS DINOS PODIAM – OU NÃO – ENGOLIR PEDRAS

Os cientistas acreditavam que muitos dinossauros herbívoros engoliam pedras de propósito.

Mmm, dura e crocante por fora e por dentro!

As pedras iam parar em seus estômagos junto com a comida e ajudavam a quebrar a parte dura das plantas mais difíceis de digerir.

Embora algumas pedras tenham sido encontradas dentro das costelas dos dinos e não em seus estômagos, outras pareciam ser apenas umas pedrinhas redondas que acabaram indo parar lá durante a fossilização e não foram engolidas.

Não se sabe ao certo se os dinossauros engoliam as pedras de propósito. Eles podem muito bem tê-las recolhido acidentalmente junto com as plantas mais baixas.

O ICHTHYORNIS PODIA BICAR COMO UMA AVE E MORDER COMO UM DINO

O Ichthyornis era madrugador, como uma andorinha-do-mar (uma ave aquática moderna).

Ele viveu entre 87 e 82 milhões de anos atrás. A parte superior de seu bico era móvel, como os bicos das aves modernas, para que ele pudesse se prender e pegar objetos. E ele também tinha músculos fortes e dentes no bico. Por isso, era capaz de bicar e também morder.

Este dino-pássaro tinha uma envergadura de 60 cm e, provavelmente, podia voar. Tinha o cérebro como o das aves comuns. O Ichthyornis nos dá uma ideia do estágio intermediário entre um dinossauro não-ave e uma ave verdadeira.

Ei, quem você está chamando de cérebro de ave?

Ichthyornis

OS DINOSSAUROS NÃO PODIAM ESTICAR SUAS LÍNGUAS

Eles não precisavam lamber selos ou tomar sorvetes, então, talvez, isso não fizesse diferença.

Carnotauro

Suas línguas, provavelmente, eram presas ao fundo da boca, como as línguas dos atuais crocodilos e jacarés.

Os homens são tão imaturos!

A evidência disso é baseada na forma dos ossos que sustentam a língua.

Como os dinos não conseguiam mexer a língua, é provável que eles engolissem a comida, em vez de empurrá-la, como você faz. Só os hadrossauros e os anquilossauros, talvez, tivessem línguas mais móveis, necessárias para enfiar as plantas na boca.

DINOSSAUROS CINTILANTES

Alguns dinossauros tinham penas preto-azuladas que brilhavam com muitos tons diferentes, como os corvos ou os estorninhos modernos.

O pequeno dinossauro chinês Microraptor tinha o corpo coberto de penas escuras iridescentes.

Microraptor

Caihong juji

Melhor ainda, o dinossauro chinês Caihong juji brilhava como um beija-flor. As penas da cabeça, do peito e em parte da cauda tinham o mesmo tipo de células de pigmento que os resplandecentes tons da garganta de um beija-flor.

A iridescência é o resultado da luz que brilha nas penas produzindo um efeito de arco-íris, como quando a luz é dividida por um prisma de vidro.

OS DINOSSAUROS NÃO SE EMPOLEIRAVAM NAS ÁRVORES

Embora as aves sejam dinossauros, os dinos não-aves não conseguiam se segurar em um galho como as aves.

Para se tornar aves, eles tiveram que trocar um dedo do pé para poderem agarrar.

Aquele dedo do pé que ficava mais alto teve que se mover para baixo e se tornar oponível (dobrar-se para ficar do lado oposto aos outros dedos).

Um terópode tinha quatro dedos, um deles mais alto na parte de trás do pé. Isso é ótimo para quem quer correr rapidamente, mas não funciona se você quiser dobrar os dedos dos pés em volta de um galho.

Seu polegar oponente permite segurar as coisas com as mãos. Para ser uma ave, o dino tinha que fazer isso com os dedos dos pés.

Os dinossauros cabeça-dura tinham um DURO CHAPÉU PROTETOR

Dinossauros como o Paquicefalossauro tinham um capacete de osso que protegia seus cérebros (bastante pequenos).

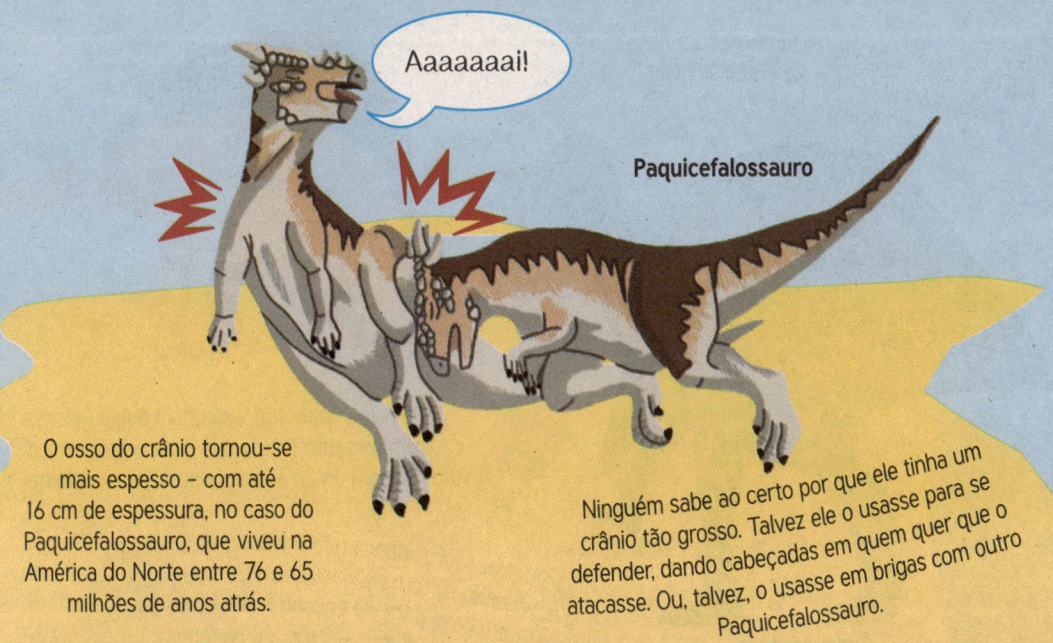

Aaaaaaai!

Paquicefalossauro

O osso do crânio tornou-se mais espesso – com até 16 cm de espessura, no caso do Paquicefalossauro, que viveu na América do Norte entre 76 e 65 milhões de anos atrás.

Ninguém sabe ao certo por que ele tinha um crânio tão grosso. Talvez ele o usasse para se defender, dando cabeçadas em quem quer que o atacasse. Ou, talvez, o usasse em brigas com outro Paquicefalossauro.

A vela nas costas de alguns dinossauros podia crescer com a idade

O Ouranossauro tinha uma enorme vela nas costas – pelo menos enquanto ele estava crescendo.

Até os 3 anos de idade, o Ouranossauro tinha uma aparência normal. Só então sua vela começava a crescer.

Os paleontologistas acreditam que a vela do Ouranossauro foi o que, talvez, o deixou mais bonito para então atrair um possível companheiro.

O Ouranossauro criança não precisava de uma vela, mas, quando se tornava adolescente, a vela podia ser um fator-chave para ele encontrar um namorado ou namorada para dar início a uma família.

Ouranossauro

O ARQUEÓPTERYX ERA QUASE NEGRO

Uma pena fossilizada é muito parecida com a pedra onde ela se encontra. Se a rocha é marrom, o fóssil também é, mas isso não significa que o dinossauro de onde veio o fóssil era marrom.

Às vezes, os cientistas encontram células de pigmento nas penas ou na pele dos dinossauros e descobrem como eles eram em vida.

Corvo

Ao combinar pigmentos com os dos animais modernos, eles podem reconstruir os dinossauros em toda a sua glória.

Arqueópteryx

O Arqueópteryx era um dinossauro emplumado que viveu na Alemanha 150 milhões de anos atrás. Ele tinha penas pretas e era quase tão grande quanto um corvo – mas um corvo com dentes e cauda longa.

TRÊS DIFERENTES TIPOS DE DINOS TALVEZ FOSSEM DO MESMO TIPO

Ninguém jamais encontrou um fóssil de um bebê Paquicefalossauro. E ninguém nunca encontrou fósseis de Dracorex e Stygimoloch adultos.

Todos eles eram animais fortes, cabeça dura – o que não é um insulto, já que eles tinham crânios grossos e ósseos.

Paquicefalossauro

Stygimoloch

Os três viveram na mesma época, há cerca de 70 milhões de anos, no mesmo lugar onde hoje é a América do Norte.

Então, quem é o maior cabeça-dura?

Os paleontologistas acreditam agora que eles possam ser o mesmo animal, mas com crânios ósseos de formas diferentes, em diferentes estágios de vida. O bebê Dracorex pode ter se transformado no adolescente Stygimoloch e, finalmente, no Paquicefalossauro.

Dracorex

OS DINOS-AVES PODIAM NASCER PRONTOS PARA VIVER

As aves modernas saem dos ovos sem penas ou cobertas com uma fina penugem.

Os carequinhas ficam no ninho onde são alimentados pelos pais enquanto as penas crescem. Os que têm penugem podem correr e comer, mas precisam esperar que suas penas verdadeiras cresçam até que eles possam voar.

> Tem certeza de que estamos prontos?

Uma ave antiga semelhante a um dinossauro encontrado na China, chamado Enantiornithes, parecia estar pronta para voar assim que saiu do ovo.

Um pintinho preservado em âmbar tinha penas de voo e cauda, mesmo que fosse recém-nascido.

OS SAURÓPODES TERIAM FLUTUADO

Se você pudesse soltar um saurópode na água, ele se movimentaria como uma rolha – os saurópodes eram capazes de flutuar.

Só vou remar!

Bolsas de ar em seus corpos e ossos os deixaram menos densos que a maioria dos animais.

Há muito tempo, as pessoas achavam que os saurópodes, provavelmente, passavam muito tempo na água para sustentar o peso de seus corpos. Na verdade, eles ficariam desequilibrados na água e teriam evitado águas profundas.

Eles teriam andado bem, mas, se nadassem, poderiam tombar facilmente.

DINOS DE QUATRO ASAS PODEM TER VOADO COMO UM BIPLANO

Alguns dinos pequenos, como o Microraptor, que viveu na China há 120 milhões de anos, tinham quatro asas emplumadas (e um rabo de penas).

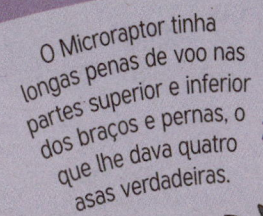

O Microraptor tinha longas penas de voo nas partes superior e inferior dos braços e pernas, o que lhe dava quatro asas verdadeiras.

Microraptor

É um pássaro? É um avião? Não, eles ainda não foram inventados!

As penas eram profundamente enraizadas, o que as deixava fortes o suficiente para voar. Provavelmente, o Microraptor planava e gerenciava o voo com força, batendo as asas. É possível que ele até decolasse do chão, como uma ave moderna.

OS SAURÓPODES ERAM QUASE HORIZONTAIS

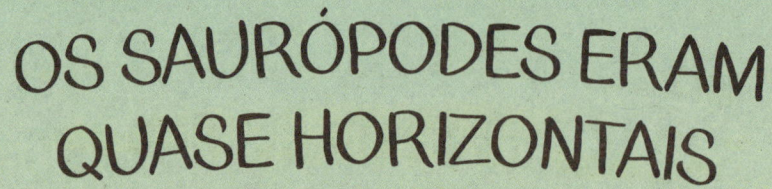

Os saurópodes costumavam ser desenhados com a cabeça erguida, mastigando as folhas das copas das árvores.

Agora, os cientistas acreditam que, na maioria das vezes, esses dinos mantinham o pescoço esticado para a frente e o rabo quase esticado.

Outros mantinham inclinados o pescoço e a cauda, mas ainda assim praticamente em linha reta. Apenas um pequeno número, incluindo o Braquiossauro, ficava com a cabeça erguida na maior parte do tempo.

Mamenchissauro

Eles deviam poder mover a cabeça de um lado para o outro e, provavelmente, para baixo, na direção do chão, mas não andavam com o pescoço erguido em linha reta.

NINGUÉM SABE PARA QUE SERVIAM AS CRISTAS ÓSSEAS

O Tricerátopo não foi o único dinossauro a ter uma crista óssea, (veja na página 194).

Outros ceratopsianos também tinham cristas pomposas –algumas muito mais extravagantes que a do Tricerátopo. Mas os cientistas nunca chegaram à conclusão de sua utilidade.

Esse babado pode ter ajudado o dino a se refrescar. O sangue quente podia atravessar os vasos sanguíneos da crista, onde seria resfriado pelo vento.

Protocerátopo

Adoro o meu babado!

Ou, talvez, deixasse o dinossauro mais atraente para chamar a atenção de um companheiro, ou maior e mais assustador para um rival ou predador. A crista tinha um osso sob a pele, por isso era bastante sólida.

Tricerátopo

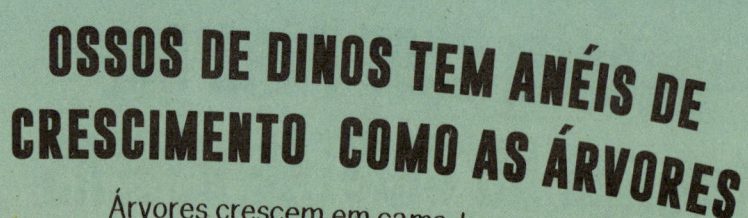

OSSOS DE DINOS TEM ANÉIS DE CRESCIMENTO COMO AS ÁRVORES

Árvores crescem em camadas, ano a ano.

Podemos descobrir a idade de uma árvore contando os anéis de seu tronco. Se tem 20 anéis, a árvore tem 20 anos.

O osso cresce da mesma maneira. Contar as camadas em uma fatia de osso mostra a idade do animal. Obviamente, o animal vai ficar bravo de você tentar fazer isso enquanto ele ainda estiver vivo – é melhor com os fósseis, incluindo os dos dinossauros.

Nem pense nisso!

Parassaurolofo

Um Parassaurolofo encontrado em 2009 tinha quase 2 m de comprimento, mas o exame dos ossos mostrou que o dino tinha pouco menos de 1 ano de idade. Um bebê gigante!

OS DINOSSAUROS PUNHAM OVOS BEM BONITINHOS

Enquanto crocodilos e outros répteis modernos põem aqueles ovos brancos sem graça, pelo menos os dinossauros punham ovos brilhantes e coloridos. Havia ovos em tons de vermelho, marrom, azul e verde.

Examinando ovos de dinossauro fossilizados, os cientistas descobriram que alguns tinham os mesmos pigmentos que os dos ovos modernos de aves e que os deixam avermelhados ou azuis/verdes. Parece até que elas puseram ovos pintados ou manchados.

Queria muito saber se sou vermelho por fora...

Oviraptor

Só os dinossauros mais intimamente relacionados às aves punham ovos brilhantes. Dinos como o Tricerátopo e o Diplodoco ficaram presos aos ovos sombrios e sem graça.

145

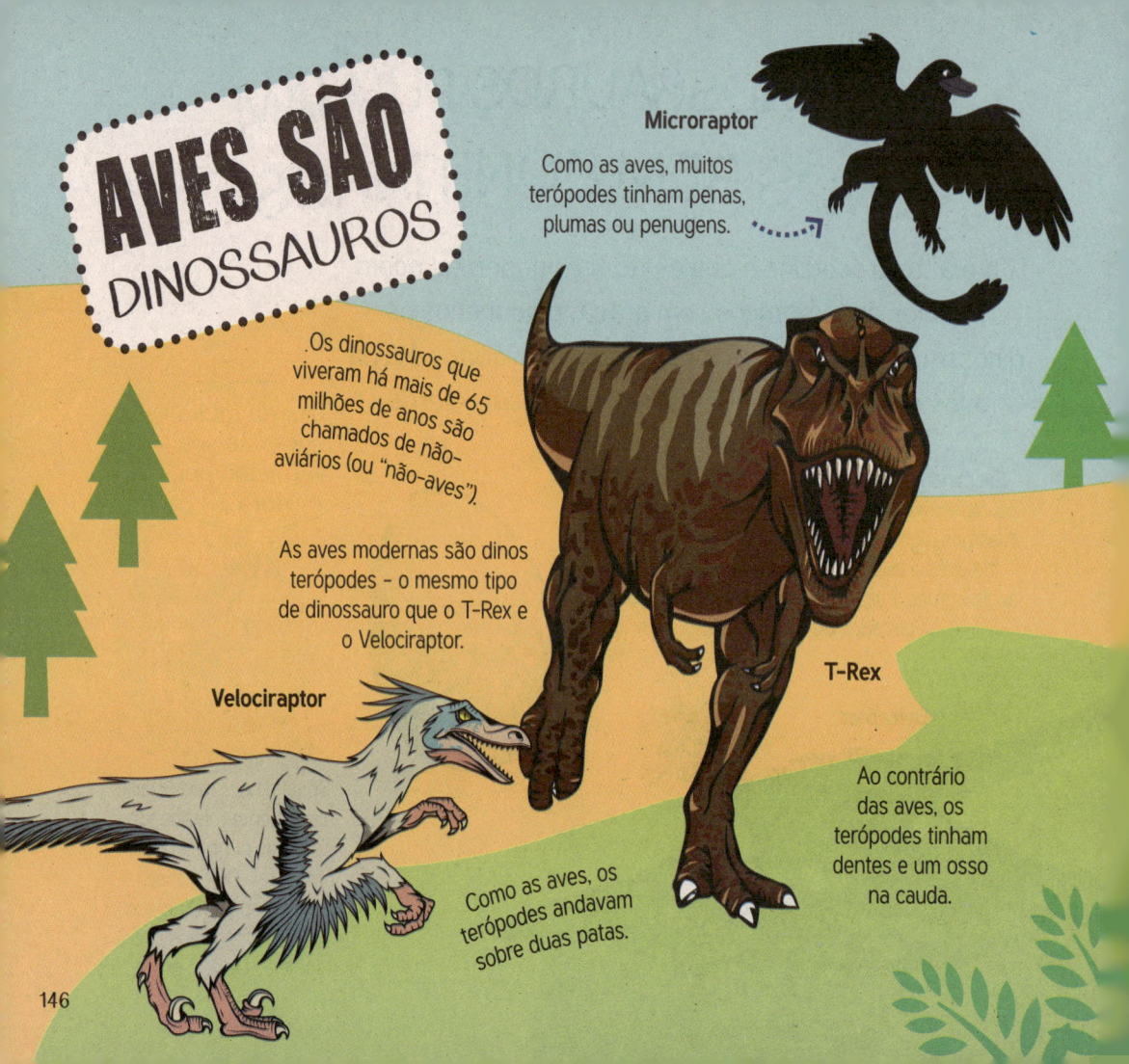

AVES SÃO DINOSSAUROS

Microraptor

Como as aves, muitos terópodes tinham penas, plumas ou penugens.

Os dinossauros que viveram há mais de 65 milhões de anos são chamados de não-aviários (ou "não-aves").

As aves modernas são dinos terópodes – o mesmo tipo de dinossauro que o T-Rex e o Velociraptor.

Velociraptor

T-Rex

Ao contrário das aves, os terópodes tinham dentes e um osso na cauda.

Como as aves, os terópodes andavam sobre duas patas.

Os primeiros dinos, provavelmente, corriam pelo chão e se lançavam em voos curtos.

Microraptor

O momento em que alguns dinossauros podem começar a ser chamados de aves se deu há cerca de 150 milhões de anos.

Ichthyornis

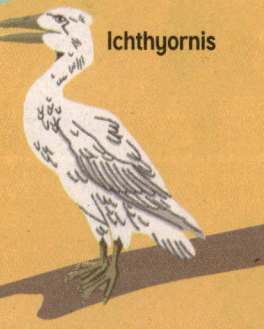

Terópodes pequenos, como o Microraptor e o Anchiornis, eram muito parecidos com as aves modernas.

Anchiornis

Algumas aves modernas se parecem muito com os terópodes tradicionais. O avestruz lembra muito um dinossauro.

Avestruz

OS SAURÓPODES DEVIAM TER TÊNIS DE CORRIDA NAS MÃOS

Os saurópodes não tinham dedos visíveis nas patas dianteiras. Só um dos dedos tinha uma unha ou garra.

Os ossos dos dedos dos pés eram juntos e faziam uma curva que deixava pegadas em forma de ferradura, já que eles não tinham uma "almofadinha" carnuda na mão.

Quem precisa de dedos?

formato de ferradura

Os titanossauros, que eram os maiores, não tinham ossos nos dedos e andavam sobre os ossos das mãos, como os ossos que você tem nas costas da sua mão. Parece estranho (e soa desconfortável).
Eles precisavam ter a pele muito dura – e aparentemente tinham.

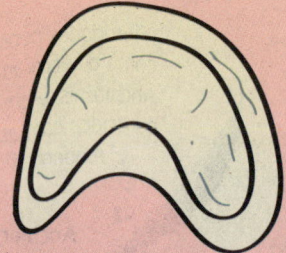

Alguns saurópodes, talvez, tivessem espinhos na pele, na parte da frente das mãos, como os dos tênis de corrida que impedem os atletas de escorregar na lama ou na grama.

Titanossauro

ALGUNS HADROSSAUROS TINHAM 1.000 DENTES

Dinos como o Hadrossauro tinham um bico desdentado na frente da boca, mas, na parte de trás, possuíam "baterias" de dentes bem estocados, cerca de 1.000 deles. E esses dentes eram bem estranhos.

Crânio do Hadrossauro

Os dentes do Hadrossauro eram bem unidos, sem espaços entre eles, parecendo mais um enorme superdente.

Ao contrário dos seus dentes, que têm uma polpa meio mole em seu interior, os dentes do Hadrossauro tinham morrido e ficado sólidos antes de atravessar a gengiva. O Hadrossauro podia desgastá-los diretamente, esmagando a comida sem dor.

Ele precisava triturar a comida, pois se alimentava de coníferas (abetos), que têm agulhas duras e pontiagudas.

Muito trabalho para a fadinha do dente!

OS DEDOS DOS PÉS VIERAM EM DOIS E TRÊS

As pessoas têm cinco dedos em cada pé e cinco dedos em cada mão, mas os dinos eram diferentes.

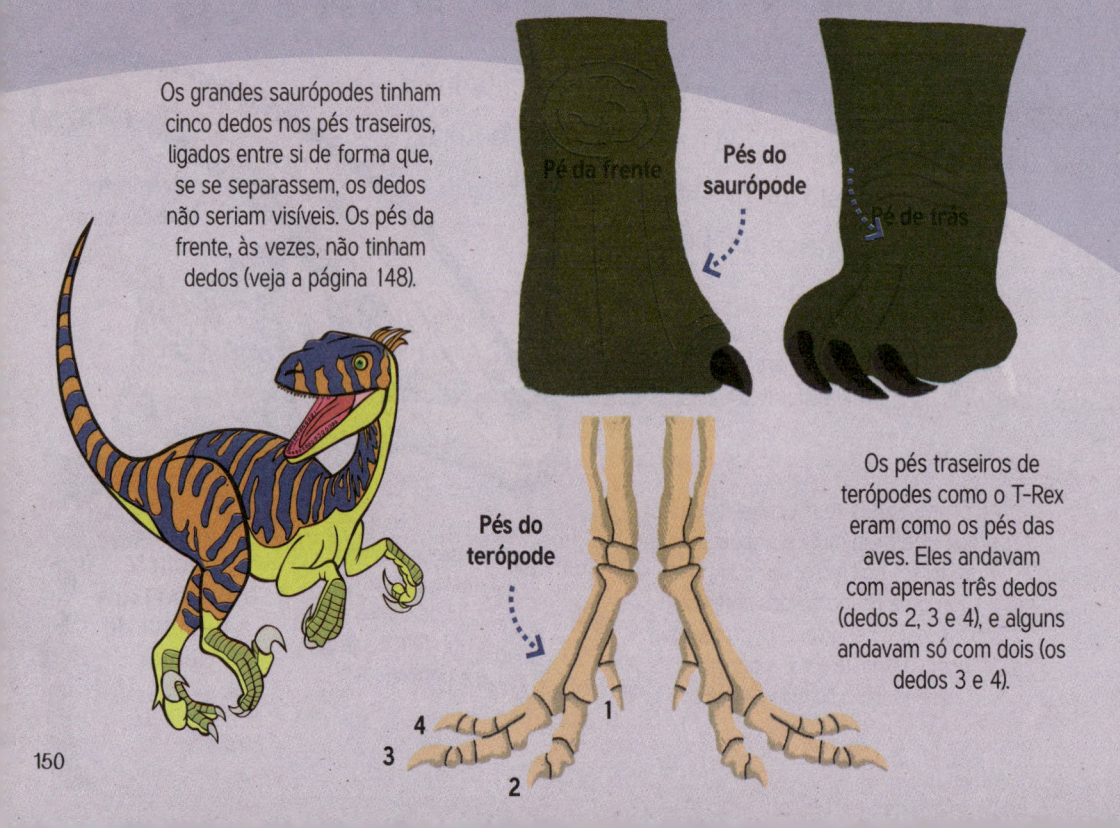

Os grandes saurópodes tinham cinco dedos nos pés traseiros, ligados entre si de forma que, se se separassem, os dedos não seriam visíveis. Os pés da frente, às vezes, não tinham dedos (veja a página 148).

Pés do saurópode

Pé da frente

Pé de trás

Pés do terópode

Os pés traseiros de terópodes como o T-Rex eram como os pés das aves. Eles andavam com apenas três dedos (dedos 2, 3 e 4), e alguns andavam só com dois (os dedos 3 e 4).

4
3
2
1

A MAIORIA DOS MUSEUS CONFUNDE OS ANQUILOSSAUROS E OS ESTEGOSSAUROS

A próxima vez que você vir o fóssil de um Anquilossauro ou de um Estegossauro em um museu, dê uma olhada nas mãos.

A maioria dos museus os posiciona com os dedos estendidos no chão. Mas não é assim que eles eram em vida.

O Anquilossauro e o Estegossauro tinham mãos como as dos saurópodes, com os ossos das mãos dispostos em semicírculo e suportando o peso do dinossauro quando ele se movia.

Estegossauro

Anquilossauro

Os dedos muito curtos não eram usados para sair do chão. Pelo menos alguns dedos eram apoiados em um casco duro, e os animais caminhavam efetivamente na ponta dos dedos – como as bailarinas dançando na ponta dos pés!

OSSOS DUROS E MOLES

Nem todos os dinos eram bobos. Embora alguns tivessem cérebros bem pequenos, outros eram inteligentes.

Os dinossauros não tinham joelhos.

Dinossauros que corriam muito tinham ossos curtos na coxa e pernas mais longas.

Os ossos dos pés traseiros dos terópodes eram amontoados como um cajado.

Uma faixa de osso diferente em volta da parte externa dos ossos mostra que o dinossauro parou de crescer (já era adulto). Isso é muito útil para os cientistas que estudam os dinos.

O Plateossauro podia cerrar os punhos.

Plateossauro

Podemos ver todos os tipos de lesões nos ossos de dinossauros – até mesmo evidências de uma possível artrite.

Esse aqui devia estar com dor de dente!

Até os maiores saurópodes atingiam o tamanho máximo aos 40 anos de idade.

Os dinos não tinham um segundo cérebro perto da cauda.

Os tornozelos dos saurópodes eram curtos – eles não podiam flexionar os pés para cima e para baixo.

153

4. A vida dos dinossauros

OS DINOS PODEM TER MIGRADO

Vários animais modernos migram para lugares mais quentes no inverno. Afinal, não há muita diversão ou comida se você ficar perto de locais gelados o ano todo.

Os dinos podem ter feito o mesmo. Embora o mundo fosse mais quente, no inverno, perto dos polos, os dias deviam ser escuros. Por isso, os dinossauros deviam migrar para escapar da longa noite.

Andando a apenas 1,6 km/h, um Edmontossauro do tamanho de um elefante poderia viajar 1.600 km em três meses. Isso é o suficiente para ir do Alasca a algum lugar que realmente tivesse luz do dia. Mas por que voltar?

Tenho medo do escuro!

Edmontossauro

SENTAR SOBRE OVOS NÃO É UMA BOA IDEIA SE VOCÊ PESA UMA TONELADA

Alguns dinos punham ovos em ninhos, mas, se um dinossauro pesadão sentasse sobre seus ovos, rapidinho eles iriam virar ovos mexidos!

Em vez disso, os grandes dinossauros punham seus ovos numa espécie de anel e se sentavam no centro.

Os ovos ficavam seguros e quentes o suficiente, aconchegados contra o corpo da mãe, mas não eram esmagados pelo seu peso.

Os ninhos fossilizados, às vezes, têm espaço no centro dos ovos para que o dino grande e forte possa se sentar. O Beibeilong, na China, parecia um casuar moderno – uma ave gigante com uma crista óssea. Ele tinha 8 m de comprimento e fazia um ninho com 2,5 m de diâmetro e cerca de 24 ovos dispostos em círculo.

NINHOS FOSSILIZADOS NOS DIZEM MUITO SOBRE O ESTILO DOS PAPAIS DINOSSAUROS

Um ninho fossilizado de Psitacossauro, na China, tinha 34 esqueletos de bebês embaixo dos pais.

Psitacossauro

Sentar sobre todos esses ovos machuca meu bumbum!

Os bebês tinham ossos leves. Os ossos são bastante flexíveis na maioria dos filhotes, sendo, em grande parte, cartilagem, mas, à medida que os bebês crescem, seus ossos vão endurecendo e ficando mais fortes. Esses ossos mostram que os papais psitacossauros ficavam com seus pequenos.

Como 34 é bastante para um casal, é possível que eles tivessem um sistema comunitário de cuidados infantis. Os avestruzes modernos fazem a mesma coisa, com todo o bando cuidando de todos os filhotes.

Os bebês usavam os dentes, o que sugere que eles se alimentassem desde cedo.

Alguns dinos estavam com problemas antes do asteroide cair

Sabemos que todos os dinos não-aves morreram antes da catástrofe que atingiu a Terra há 66 milhões de anos. Mas, muitos deles já estavam com problemas.

Na América do Norte, a quantidade de tipos de ceratopsianos e hadrossauros havia caído nos últimos milhões de anos e restava apenas um tipo de terópode grande: o T-Rex. Em outros lugares, porém, a diversidade de dinossauros continuava grande.

Pra onde foi todo mundo?

Não olhe pra mim!

Possivelmente, as condições locais na América do Norte fizeram muito mal aos dinossauros. O nível do mar estava baixando e os bons e ricos habitats ao redor da costa tornaram-se áreas do interior. Também ficou mais frio. Estavam chegando ao fim as viagens dos dinos às praias ensolaradas...

OS DINOS, PROVAVELMENTE, SOLTAVAM MUITOS PUNS

Animais modernos que comem muita grama e outras matérias vegetais folhosas, difíceis de digerir, produzem muitos gases em suas entranhas.

Eles têm bactérias que ajudam a fermentar seus alimentos e o processo de fermentação produz um gás chamado metano.

É porque eu como muitas folhas!

Dinossauros comiam alimentos similares e, provavelmente, também digeriam de forma similar, com a maior parte do trabalho sendo feita pelos intestinos.

O gás tem que sair – então, como as vacas, o dinossauro o expelia pelo bumbum. Mas é possível que ele também arrotasse um pouco.

Com licença!

OS BEBÊS DINOSSAUROS SE CONTORCIAM E CHUTAVAM DENTRO DOS OVOS

Os paleontologistas encontraram centenas de minúsculos ossos de dinossauros fossilizados na China.

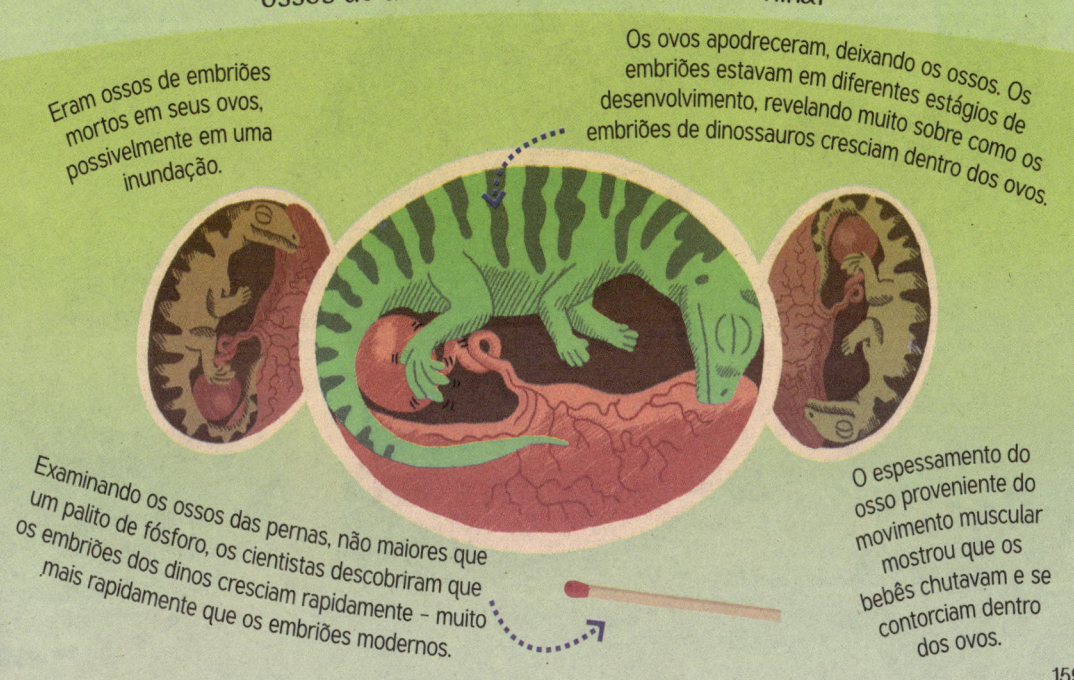

Eram ossos de embriões mortos em seus ovos, possivelmente em uma inundação.

Os ovos apodreceram, deixando os ossos. Os embriões estavam em diferentes estágios de desenvolvimento, revelando muito sobre como os embriões de dinossauros cresciam dentro dos ovos.

Examinando os ossos das pernas, não maiores que um palito de fósforo, os cientistas descobriram que os embriões dos dinos cresciam rapidamente – muito mais rapidamente que os embriões modernos.

O espessamento do osso proveniente do movimento muscular mostrou que os bebês chutavam e se contorciam dentro dos ovos.

O MAIOR SÍTIO DE NINHOS DE DINOSSAUROS

está em Auca Mahuida, na Argentina

Milhares de mamães saurópodes punham seus ovos no mesmo lugar.

O sítio ficava na planície de um rio, e os ninhos e ovos foram enterrados na lama quando o rio transbordou.

Pelos pequenos dentes, os especialistas podem dizer que os embriões eram de titanossauros.

Há milhares de ovos fossilizados em Auca Mahuida.

Os dinossauros adultos tinham 14 m de comprimento.

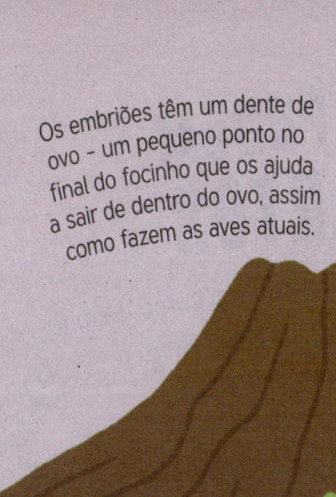

Os embriões têm um dente de ovo – um pequeno ponto no final do focinho que os ajuda a sair de dentro do ovo, assim como fazem as aves atuais.

As enormes mães tinham bebês com apenas 38 cm de comprimento, menores que um bebê humano.

Alguns ninhos contêm de 30 a 40 ovos – são muitos filhotinhos para ficar de olho!

Os ninhos ficam separados por 2 ou 3 m.

Ninhos com pedaços de plantas fossilizadas sugerem que o calor da vegetação apodrecida mantinha os ovos quentes.

Alguns ovos estão tão bem preservados que até a pele dos embriões está intacta.

ALGUNS SAURÓPODES PODEM TER COMIDO LAGARTOS

Estamos acostumamos a pensar nos saurópodes como animais exclusivamente vegetarianos, que comiam folhas e talvez galhos, mas não outros animais.

De fato, pelo menos alguns dos primeiros sauropodoformos, como o Plateossauro e o Massospondylus, podem muito bem ter se alimentado, ocasionalmente, de pequenos animais, desde que tivessem oportunidade.

Eles tinham uma grande variedade de dentes adaptados às suas dietas. Dentes afilados para triturar as folhas, e dentes pontiagudos, que facilitavam o corte e a mastigação de carne.

Tinham também as mãos voltadas para dentro, com garras que os ajudariam a pegar pequenos animais.

Da mesma forma, alguns terópodes podem, às vezes, ter comido plantas. Animais que comem tanto plantas quanto outros animais são chamados de onívoros.

Tenho certeza de que vi um lanchinho por aqui!

Plateosaurus

Glup!

OS BEBÊS DINOSSAUROS ENGATINHAVAM

Pegadas feitas por um bebê Massospondylus mostram que ele andava sobre as quatro patas.

Massospondylus

Quando adulto, o Massospondylus andava ereto, sobre duas pernas, o que quer dizer que os bebês andavam de quatro até conseguirem ter equilíbrio e levantar - como os bebês humanos.

Embora o pai Massospondylus tenha atingido os 6 m, os bebês eram pequenos. Eles nasciam de ovos que tinham de 6 a 7 cm de largura.

O Massospondylus viveu há mais ou menos 200 milhões de anos, na África. Seus embriões foram os mais antigos já encontrados.

O COCÔ DOS DINOSSAUROS ERA UM BOM FERTILIZANTE

Embora um dinossauro que comesse plantas pudesse parecer uma má notícia para as plantas, em muitos casos, ele deve ter sido uma peça importante na reprodução da planta.

Muitas sementes têm a camada externa muito dura que não vai se dissolver ou quebrar no trajeto até o intestino do dinossauro, preparado para digerir folhas.

O dinossauro carregava as sementes em seu intestino, andava um pouco e depois soltava o esterco, com as sementes da planta original. O esterco funcionaria como um bom fertilizante que faria com que as sementes germinassem em sua nova casa.

ALGUNS DINOSSAUROS ERAM BONS PAIS

Papais dinossauros foram encontrados sentados sobre ovos em ninhos de três espécies de dinos maniraptoranos - animais relativamente pequenos e velozes, do tipo que, mais tarde, se tornariam aves.

Pais que sentam em ninhos são muito comuns entre as aves, e parece que essa característica evoluiu muito tempo atrás.

Mereço ganhar um bom cartão no Dia dos Pais!

Quando chocam seus ovos, as fêmeas põem menos ovos ou ovos menores porque elas não têm tempo para sair e comer mais.

Se pudessem comer mais, elas ficariam maiores, mais fortes e teriam energia para pôr ovos maiores. Se o pai também cuidar dos ovos, a mãe pode focar na sua alimentação.

OS OVIRAPTORES FAZIAM NINHOS APROPRIADOS

Os primeiros dinossauros enterravam seus ovos, mas os oviraptores construíram ninhos abertos em cima do solo.

Oviraptor

Você ainda pode vê-los?

A grande diferença é que os ovos do Oviraptor ficavam visíveis. Um ovo branco aparecia muito em um ninho de terra e seria facilmente roubado por um predador que passasse.

Por isso, para manter seus ovos a salvo dos famintos comedores de ovos, os oviraptores desenvolveram conchas camufladas que ajudavam a disfarçar os ovos.

As aves modernas, geralmente, botam ovos com pintas e manchas para ajudar a esconder seus contornos e mantê-los a salvo de qualquer coisa que possa ameaçar o desenvolvimento de seus bebês.

OS DINOS, PROVAVELMENTE, CAÇAVAM À NOITE

Muitos dinossauros tinham anéis ósseos nos olhos, os chamados anéis escleróticos, que sustentavam a íris.

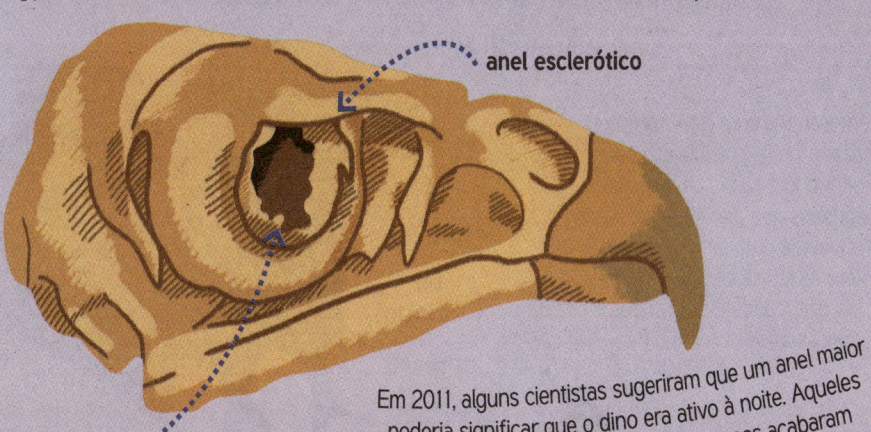

anel esclerótico

Em 2011, alguns cientistas sugeriram que um anel maior poderia significar que o dino era ativo à noite. Aqueles identificados como dinossauros noturnos acabaram sendo caçadores, e os diurnos, com anéis menores, incluíam os saurópodes comedores de plantas.

É óbvio que o dinossauro não queria osso bloqueando a pupila (onde a luz entra no olho), ou ele não enxergaria. O espaço no centro do anel dá uma ideia do tamanho do olho do dinossauro.

Nem todos os estudiosos aceitam a conclusão, mas, atualmente muitos predadores caçam à noite ou ao entardecer, então parece possível.

O MICRORAPTOR PODE TER FICADO ACORDADO ATÉ TARDE

Parece que o Microraptor tinha olhos grandes – pelo menos, ele tinha um grande espaço no anel ósseo para a luz entrar em seus olhos.

Faria sentido para o Microraptor caçar à noite, pois ele era bem pequeno e comia os animais pequenos que podia abocanhar facilmente enquanto dormiam. Além disso, ele não gostava de ser pisoteado pelos grandes dinossauros durante o dia.

Ei! Cuidado!

Microraptor

Por outro lado, aparentemente, o Microraptor tinha penas iridescentes (veja a página 133). Aves com penas iridescentes raramente são noturnas. Não faz muito sentido ter penas brilhantes se você só sai no escuro. Então, quando o Microraptor saía? Ninguém tem certeza.

DINOSSAUROS ERAM PAIS ADOLESCENTES

Muitos dinossauros começaram a pôr ovos e criar seus filhotes bem antes de terem alcançado a idade adulta. Isso significa que eram pais jovens!

Os paleontologistas descobriram isso ao examinar os ossos das pernas dos jovens dinos. As aves fêmeas desenvolvem um tipo especial de osso esponjoso dentro dos ossos das pernas quando produzem ovos, o chamado "osso medular". Ele nunca é encontrado nos machos, pois é usado apenas para armazenar as substâncias químicas usadas na fabricação de ovos.

Quando eu crescer, vou ser...

Parece que com os dinossauros acontecia a mesma coisa – e as fêmeas começaram a ter o osso medular muito antes de crescerem completamente.

A FORMA DO FOCINHO INDICA COMO OS DINOS CAÇAVAM

Alguns dinossauros carnívoros, como o Celófise e o Velociraptor, tinham um focinho longo e estreito, com mandíbulas que se moviam para cima e para baixo, como tesouras.

Velociraptor

Eles podiam dar mordidas rápidas e cortantes para enfraquecer o animal que queriam comer. Alguns com o focinho muito estreito, como o Barionix, arrancavam peixes da água como os crocodilos.

> Você não gosta de mim quando estou com fome!

Barionix

Outros, tinham uma mandíbula enorme e larga, capaz de esmagar qualquer coisa. O T-Rex tinha força suficiente na boca para morder ossos. Ele podia rasgar carcaças e até comer os ossos. Fragmentos de ossos encontrados em seu esterco fossilizado mostram que ele conseguiu!

O DIPLODOCO, ÀS VEZES, COMIA NO NÍVEL DO CHÃO

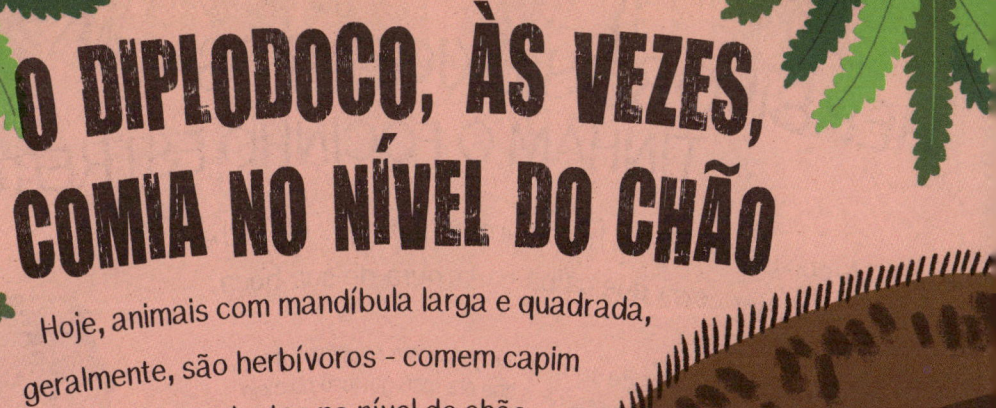

Hoje, animais com mandíbula larga e quadrada, geralmente, são herbívoros – comem capim e outras plantas no nível do chão.

Os rinocerontes têm uma mandíbula larga e quadrada. É fácil ver que os dinossauros pequenos e atarracados, como o Anquilossauro, provavelmente comiam as plantas do chão – eles não conseguiam alcançar o topo das árvores!

Mas, o Diplodoco também tinha a boca larga. Isso sugere que nem sempre o pescoço longo era usado para alcançar as árvores, ele também podia comer as plantas rasteiras.

Diplodoco

Pequenos desgastes e buracos nos dentes do Diplodoco são mais uma evidência da alimentação no nível do chão. Esse dano dentário, geralmente, acontece quando, junto com as plantas, o animal mastiga pedrinhas e areia.

HERBÍVOROS EXIGENTES
TINHAM O FOCINHO ESTREITO

A boca larga de um herbívoro permite que ele colha qualquer coisa que caiba na largura de sua boca.

Ele não podia ser muito exigente com as plantas que ia comer nem separar o que era mais gostoso no meio de uma porção de coisas.

Os dinos com focinhos mais estreitos podiam ser mais exigentes.

Camarassauro

Eu não sou exigente!

Nigersaurus

Eles podiam selecionar plantas e galhos e levar embora o que mais gostavam. Mas isso só seria possível para os que comiam em níveis mais altos, onde todas as folhas não estão tão juntas quanto no chão.

O T-REX PODIA DOBRAR OS DEDOS PARA TRÁS

Grandes terópodes, como o T-Rex, tinham dedos flexíveis que podiam se recolher e, também, não sofriam danos ao serem dobrados para trás.

Vou comer você mesmo que tenha que dobrar todos os meus dedos para trás!

Isso sugere que eles usavam as mãos para segurar suas presas enquanto as mordiam. Provavelmente, agarravam e mordiam ao mesmo tempo. Dobrando os dedos, cravavam as garras, impedindo que a refeição escapasse.

A refeição não ficava feliz com a situação e, provavelmente, se contorcia e lutava bastante. O fato de ser capaz de aguentar com os dedos dobrados para trás sem se machucar, ajudava o dinossauro a manter sua presa.

ALGUNS DINOS MORRIAM DE BARRIGA CHEIA

O que significa que podemos saber mais sobre o que eles comiam.

Muitos desses alimentos foram encontrados em terópodes. Na barriga de um Celófise acharam pequenos arcossauros.

Celófise

Um Barionix britânico foi encontrado com escamas de peixe e dinossauros jovens, como um Iguanodonte.

Os arcossauros são uma delícia!

Um lagarto foi achado dentro de um Compsognato alemão, e um Sinosauropteryx na China morreu depois de comer um pequeno mamífero.

Um Microraptor foi encontrado tendo comido um peixe. Isso mostrou que os paleontologistas precisavam repensar sua ideia de que o Microraptor passava a maior parte do tempo nas árvores... Além de planar e escalar, ele claramente passava parte do seu tempo perto da água.

OS SAURÓPODES, POSSIVELMENTE, SE BALANÇAVAM NA ÁGUA

e só tocavam o chão com as patas dianteiras.

Esta é a explicação que alguns paleontologistas dão a estranhos conjuntos de trilhas de saurópodes que mostram apenas as impressões das patas da frente.

É muito improvável que os saurópodes pudessem andar em círculos ou com as mãos. Mas, é possível que nadassem, empurrando o leito do rio com as patas dianteiras.

Ao flutuar, a parte de trás do corpo ficava mais para cima, impedindo as patas traseiras de tocar o fundo e deixar marcas.

BESOUROS ROLA-BOSTA SE BANQUETEAVAM NO COCÔ DOS DINOS

Os besouros rola-bosta recolhem, alimentam-se e destroem o cocô produzido por outros animais. Sem eles, o mundo seria completamente coberto de excrementos animais.

Na época dos dinossauros, os rola-bosta tinham banquetes gigantescos, já que alguns excrementos dos dinos tinham 60 cm de comprimento. Os saurópodes também devem ter deixado grandes pilhas de esterco.

Alguns fósseis de esterco apresentam buracos que mostram onde os besouros rola-bosta ou vermes andaram e outros animais também escavaram. Com alimentos difíceis de digerir, como vegetais mais resistentes, até metade do valor nutritivo ainda ficava nos alimentos depois de passar pelo intestino do dinossauro.

Tem muito trabalho aqui!

O TRICERÁTOPO NÃO CONSEGUIA NADAR

Os dinossauros eram animais terrestres, mas muitos, provavelmente, podiam nadar, se precisassem.

Hoje, elefantes e lobos estão em terra firme, mas sabem nadar e são até muito bons nisso. Alguns dinossauros tinham apenas a forma e o peso errados.

Dinossauros como o Tricerátopo tinham a parte da frente do corpo muito pesada, o pescoço curto e a cabeça voltada para baixo. É improvável que o Tricerátopo levantasse a cabeça pesada o suficiente para respirar quando estivesse na água.

A água está muito molhada pra mim!

Um grupo de fósseis de Tricerátopo encontrados juntos sugere que, às vezes, os animais se afogaram em inundações repentinas.

A VIDA DE QUASE AVES

As aves evoluíram de maniraptores quando seus corpos mudaram para se adaptar a novos estilos de vida.

Existem três teorias de como eles começaram a voar. Eles podem ter pulado das árvores e planado.

À medida que batiam mais as asas, os músculos do peito ficavam mais fortes.

Ou eles podem ter subido encostas, árvores ou penhascos, batendo as asas para ir mais rápido.

Ou podem ter corrido pelo chão, batendo as asas até decolar.

A última é chamada de "inclinação da asa assistida". Filhotes de aves que ainda não conseguem voar costumam fazer isso.

As penas deviam ajudar no voo – as aves foram ficando mais emplumadas e as penas foram crescendo à medida que o voo se tornou mais importante.

As penas não surgiram porque os animais queriam voar – elas se readaptaram quando o voo evoluiu.

A evolução não se propôs a criar aves! Não houve um propósito ou direção.

Aqueles com penas de asas mais longas voavam melhor, então, as penas mais longas se tornaram mais comuns.

179

OS DINOS PUNHAM OVOS EM PARES

As aves modernas põem um ovo por vez, com um intervalo entre ele e o seguinte, enquanto preparam outro ovo dentro de seu corpo.

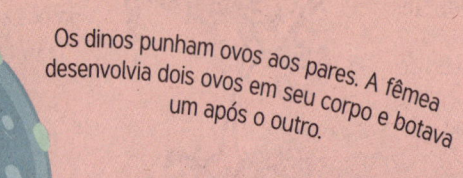

Os dinos punham ovos aos pares. A fêmea desenvolvia dois ovos em seu corpo e botava um após o outro.

Isso significa que os ninhos sempre tinham um número par de ovos, a menos que alguém tivesse roubado ou pisado sobre um deles.

Os ovos de dinossauros vinham de dois em dois! Vivaaaa!

Sabemos disso porque foram encontrados vários fósseis de dinossauros fêmeas com dois ovos prontos para serem postos. As aves modernas ainda têm ovidutos (canais para os ovos), mas são usados uma vez só.

OS SAURÓPODES FAZIAM NINHOS NO CHÃO

É óbvio que o imenso saurópode não podia fazer seu ninho em uma árvore, como as aves.

Como outros dinossauros não-aves, ele fazia seu ninho no chão. É provável que ele usasse as garras para cavar uma vala na terra.

O formato das garras dos saurópodes era parecido com as das tartarugas, que também cavam ou riscam a terra.

Eles não tinham muito mais o que fazer com as garras, já que não lutavam ou atacavam outros dinos, não escalavam, não buscavam raízes ou insetos ou não faziam tocas.

Ninhos de saurópodes, semelhantes a trincheiras, foram encontrados em covas rasas também. Qualquer um poderia ter usado as garras para cavar.

O Triceratopo e o Estegossauro comeram flores

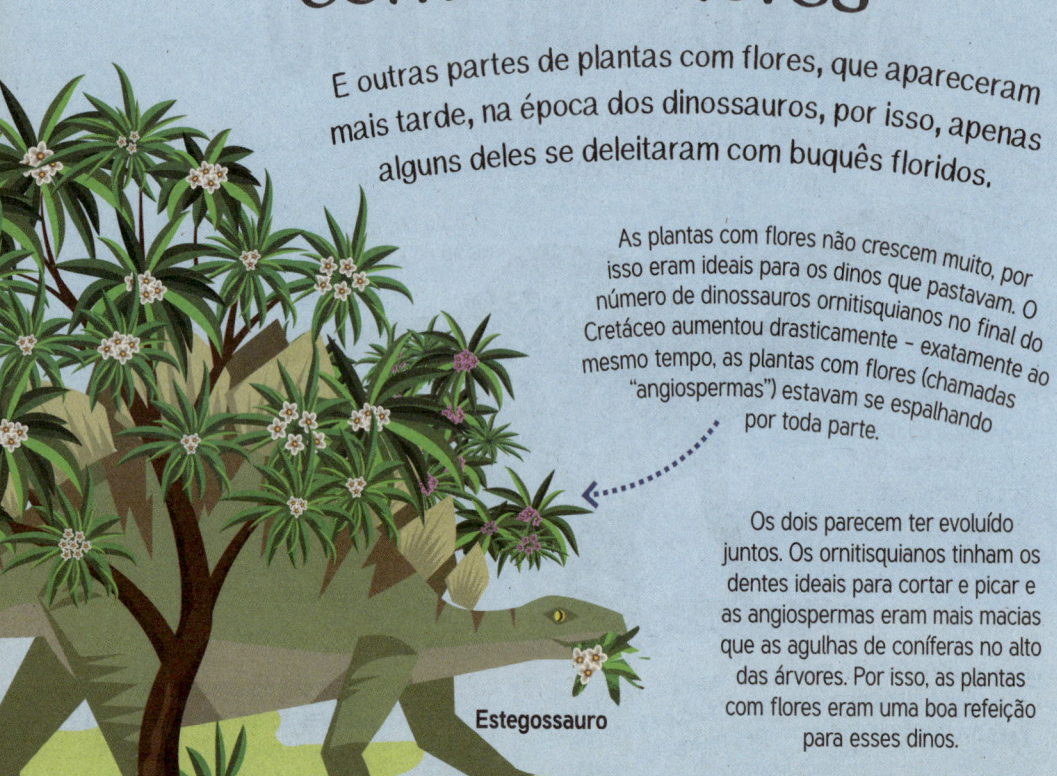

E outras partes de plantas com flores, que apareceram mais tarde, na época dos dinossauros, por isso, apenas alguns deles se deleitaram com buquês floridos.

As plantas com flores não crescem muito, por isso eram ideais para os dinos que pastavam. O número de dinossauros ornitísquianos no final do Cretáceo aumentou drasticamente – exatamente ao mesmo tempo, as plantas com flores (chamadas "angiospermas") estavam se espalhando por toda parte.

Os dois parecem ter evoluído juntos. Os ornitísquianos tinham os dentes ideais para cortar e picar e as angiospermas eram mais macias que as agulhas de coníferas no alto das árvores. Por isso, as plantas com flores eram uma boa refeição para esses dinos.

Estegossauro

OS OVOS DOS SAURÓPODES ERAM AQUECIDOS POR BAIXO

Pelo menos alguns saurópodes usavam o calor produzido naturalmente pela atividade subterrânea da Terra para manter seus ovos aquecidos.

Na Argentina, foram encontrados ninhos muito próximos (1 a 3 m) a gêiseres ativos – fontes termais com água aquecida nos subterrâneos por magma escaldante.

Quando isso aconteceu, 134-110 milhões de anos atrás, esse local onde havia os ninhos devia ser parecido com algumas partes do Parque Yellowstone, nos Estados Unidos, com vapor, fumaça e água quente saindo de buracos no chão.

OS DINOSSAUROS CAVAVAM TOCAS

Pelo menos algumas pequenas. Na Austrália e em Montana, nos Estados Unidos, os paleontologistas encontraram tocas fossilizadas aparentemente cavadas por pequenos dinossauros herbívoros.

A toca australiana tem 2 m de comprimento e 30 cm de diâmetro.

O único dinossauro escavador identificado na América do Norte foi o Oryctodromeus.

Oryctodromeus

Os cientistas testaram a teoria de que um único adulto e dois dinos jovens encontrados fossilizados em uma toca morreram depois que ela se encheu de sedimentos e preservou seus corpos. Usando tubos de PVC, eles criaram um sistema de tocas idêntico e usaram esqueletos de coelhos no lugar dos dinossauros.

UM DINOSSAURO LEVAVA DE 3 A 6 MESES PARA CRESCER

Os cientistas acreditavam que os ovos de dinossauros, como os das aves, eclodiam rapidamente – em três semanas ou mais, talvez. Mas parece que eles levavam até seis meses.

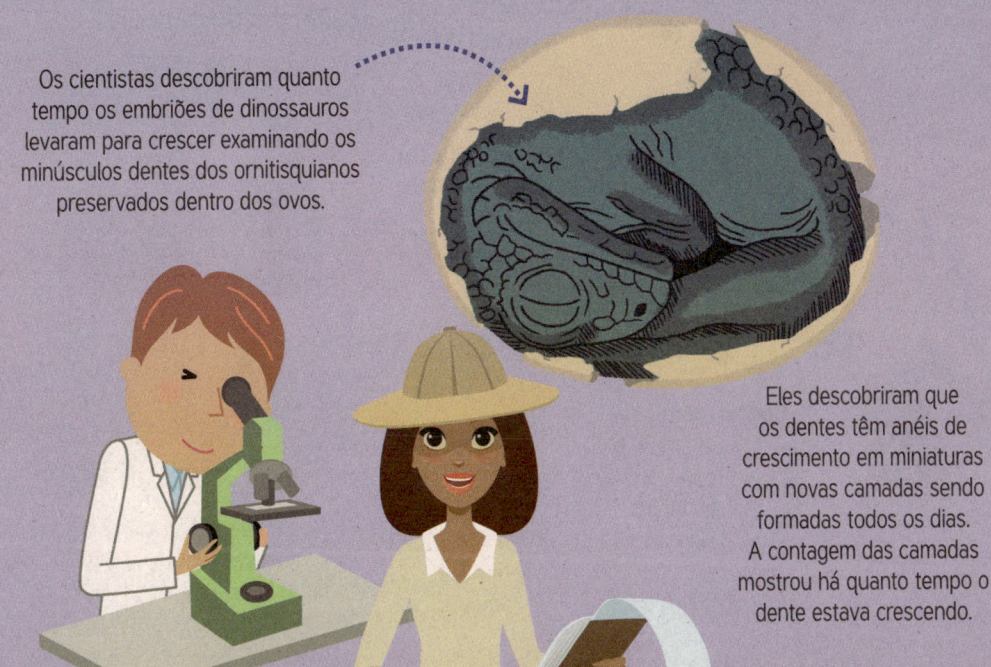

Os cientistas descobriram quanto tempo os embriões de dinossauros levaram para crescer examinando os minúsculos dentes dos ornitisquianos preservados dentro dos ovos.

Eles descobriram que os dentes têm anéis de crescimento em miniaturas com novas camadas sendo formadas todos os dias. A contagem das camadas mostrou há quanto tempo o dente estava crescendo.

OS HADROSSAUROS TIVERAM CÂNCER

Quando escaneou 10 mil ossos de dinossauros de mais de 700 exemplares mantidos em museus, uma equipe de cientistas descobriu que apenas os hadrossauros mostravam evidências de câncer.

Eu não devia ter comido tantas árvores!

Coritossauro

Eles encontraram 29 nódulos cancerígenos em 97 indivíduos examinados. É um número significativo.

Ninguém sabe, ao certo, por que os hadrossauros eram mais propensos a contrair câncer. Uma sugestão é que eles comeram coníferas, que contêm muitos produtos cancerígenos (causadores de câncer).

VESPAS VIVIAM EM OVOS DE DINOS APODRECIDOS – ECA!

Um ninho de ovos de Titanossauro, com 70 milhões de anos, deu aos cientistas uma visão surpreendente de como as vespas parasitas viviam ao lado dos dinossauros.

O ninho continha alguns ovos partidos e dentro deles havia casulos de vespas.

Os paleontologistas descobriram que, se um ovo fosse quebrado e comido por um predador, aranhas e outros artrópodes viriam para comer as sobras.

As vespas depositaram seus ovos dentro dos corpos das aranhas e, quando as larvas eclodiram, passaram a viver nos ovos dos dinossauros até que se transformaram em pupas e construíram um casulo.

As vespas, provavelmente, foram essenciais na limpeza dos ninhos entre as estações, pois os ninhos eram reutilizados por anos.

A VIDA MUDOU DEPOIS DA COLISÃO COM O ASTEROIDE

Poeira e fumaça escureceram o céu, deixando-o mais frio, provavelmente por anos.

O asteroide caiu no mar e teria criado ondas de 100 a 300 m de altura.

Ondas inundaram as Américas do Norte e do Sul, destruindo as florestas e levando os animais.

O calor da vibração do acidente pode ter matado e até queimado os animais.

Terremotos causados pelo impacto mataram mais plantas e animais.

Pode ter havido mais de um impacto – alguns asteroides se quebram quando entram na atmosfera de um planeta.

A chuva ácida matou ainda mais árvores, deixando os herbívoros com fome.

Ventos muito quentes provocados pelo impacto teriam causado incêndios.

As mudanças no clima e na paisagem foram rápidas demais para os animais se adaptarem – e aí eles morreram.

ALGUNS DINOS DORMIAM ENROLADOS, COMO AS AVES

É difícil saber como a maioria dos dinossauros dormia.

A menos que encontremos fósseis de dinos que morreram dormindo, não é possível saber – e nem seríamos capazes de saber mesmo. Se um dinossauro dormisse em pé, nem saberíamos que ele tinha morrido dormindo.

Mei

Zzzzzz

Pelo menos alguns deles dormiam enrolados no chão ou em um ninho. Dois fósseis de Mei, um minúsculo dinossauro chinês de penas e olhos grandes, foram encontrados com as cabeças apoiadas nos braços cruzados e as caudas enroladas ao corpo.

As aves não têm um rabo comprido para enrolar, mas elas dormem com a cabeça por cima do ombro.

OS VULCÕES ERAM RUINS PARA OS DINOSSAUROS

Erupções vulcânicas massivas e de longa duração devem ter dificultado a sobrevivência - mesmo sem uma rocha vinda do espaço.

Erupções vulcânicas massivas, que duraram centenas de milhares de anos já estavam mudando o clima. Elas estavam criando os Basaltos de Decão, na Índia – o outro lado do mundo depois do choque do asteroide.

Rajasaurus

Minha nossa!

Um ou outro dinossauro pode ter sobrevivido, mas, com esses terríveis eventos em ambos os lados do mundo, foi demais para eles. Talvez para todos, menos para as aves, que puderam voar para outro lugar para encontrar comida e locais para fazer seus ninhos.

ALGUNS DINOSSAUROS GOSTAVAM DE ANDAR JUNTOS

Hoje, alguns animais gostam de viver em grandes grupos, como rebanhos de ovelhas ou bisões, e alguns gostam de viver sozinhos, como os solitários tigres e tartarugas.

O mesmo aconteceu com os dinossauros. Fósseis mostram que alguns se locomoveram em grandes grupos. Existem trilhas com pegadas de muitos saurópodes, todos indo na mesma direção e ao mesmo tempo.

Eu quero ir ao meio!

Então corra!

Estar em grupos grandes é uma boa maneira de se proteger dos predadores. Presas modernas, como antílopes e gazelas, fazem isso, o que reduz as chances de serem comidas.

OS RAPTORES, PROVAVELMENTE, CAÇAVAM EM BANDO

Assim como os dinossauros que provavelmente andariam em grupo para se manter seguros, aqueles que queriam comê-los podem ter caçado juntos.

Vários grupos de fósseis mostram uma série de pequenos raptores – o Deinonico e o Utahraptor em casos diferentes – aparentemente pegos no ato de atacar ou comer grandes presas juntos.

Deinonico

Aonde vamos caçar hoje?

O fato de estarem juntos pode ter ajudado a combater presas maiores. Não se sabe se animais enormes como o T-Rex caçavam em bando. Isso teria sido uma visão assustadora!

Competições de beleza fazem parte da vida comunitária

Os animais que vivem em rebanhos ou grupos grandes, geralmente, precisam competir para ver quem comanda, quem consegue o melhor parceiro ou escolhe o melhor lugar para fazer seus ninhos, ou só para serem notados e encontrar um parceiro.

Os animais modernos costumam ter características próprias de se exibir, como a cauda de um pavão ou os grandes chifres de um alce.

Os dinos que viveram em grupo, possivelmente, fizeram o mesmo. Cristas, babados e talvez padrões chamativos de penas ou escamas poderiam ter sinalizado um dinossauro de ponta, assustando rivais e ajudando a conseguir um parceiro.

Tenho mais babado que você!

Até parece!

Estiracossauro

ALGUMAS AVES PRIMITIVAS VIVERAM COMO OS PINGUINS

Um tipo de ave/dinossauro desdentado, chamado Hesperornis, se adaptou a uma vida perto do mar.

Passava o tempo mergulhando em busca de peixes e suas asas não eram necessárias.

Hesperornis

Ele devia ser parecido com um torpedo com penas, bico e pernas.

A evolução, geralmente, se livra de coisas que não são necessárias. O Hesperornis se livrou das asas, ou quase.

ÁRVORES ALTAS FORNECERAM ALIMENTOS PARA DINOS ALTOS

Animais e plantas, geralmente, evoluem juntos, ajudando uns aos outros ou tentando vencer a corrida para comer ou procurar não ser comidos.

Na era dos dinossauros, muitas árvores tinham o tronco comprido e seus galhos só cresciam bem no alto. Isso significava que a maioria dos animais não conseguia comer suas folhas, o que era bom para a árvore.

Mas, os saurópodes cresceram muito, ficando com pescoços muito longos – para que pudessem alcançar. Mas, mesmo eles, talvez, só pudessem alcançar os galhos mais baixos da maioria das árvores.

O jantar e o comedor alcançaram um equilíbrio em que as árvores poderiam sobreviver sendo mordiscadas na extremidade inferior e os dinos podiam encontrar alimento suficiente.

Chomp, chomp!

Braquiossauro

OS GRANDES DINOS COMIAM QUALQUER PORCARIA

Os grandes dinossauros herbívoros precisavam de muita comida.

Os alimentos vegetais mais abundantes eram as folhas, galhos e cascas, mas não eram a melhor comida e exigiam muito da digestão.

A má qualidade de sua comida significava que os dinos tinham necessidade de uma quantidade enorme de alimentos, o que fazia com que eles comessem quase o tempo todo.

Alimentos de boa qualidade, como frutas, sementes e raízes, são mais fáceis de digerir e são bem mais saudáveis, mas existem em menor quantidade.

A maior parte das árvores é composta por folhas e galhos, e não frutos ou sementes. Desenterrar as raízes mata uma planta. Só os pequenos dinossauros poderiam viver com esse tipo de comida, pois não havia muita quantidade.

O que você vai fazer depois do café da manhã?

Huum... Tomar um segundo café!

AS PISTAS PARA A DIETA DOS DINOS ESTÃO NO COCÔ

Às vezes, os cientistas conseguem descobrir o que os dinos comeram observando o cocô fossilizado - mas é difícil saber de que dino ele veio.

Algumas refeições não parecem muito saborosas. O esterco do Maiassaura de Montana, nos Estados Unidos, mostra que os animais comiam madeira que já estava apodrecendo.

Assim, eles comiam mais do que madeira, pois o alimento seria rico em fungos e artrópodes, como os piolhos. Nham!

Alguns dos excrementos do Maiassaura tinham quase 7 litros de volume. É uma grande queda.

Pelo menos é bem velho pra ter cheiro!

A DISPOSIÇÃO DOS OVOS NOS CONTA como os dinos chocavam seus ovos

Alguns dinossauros punham seus ovos em camadas nos seus ninhos, outros em um grande amontoado.

Isso significa que os que estavam na parte inferior não tinham nenhum contato com os pais sentados no ninho – provavelmente os pais não chocavam! É possível que os ninhos fossem cobertos de vegetação ou aquecidos no subsolo (veja a páginas 265).

Oviraptor

Outros dinos organizavam cuidadosamente seus ovos para que eles se sobrepusessem, de modo que pelo menos uma parte de cada ovo tivesse contato com a parte inferior de um dos pais sentados. Esses dinossauros, provavelmente, chocavam seus ovos.

BANDOS DE DINOS VAGAVAM POR MONTANA

Sabemos pelas trilhas dos dinossauros que os saurópodes viveram e se movimentaram em grupo, mas, geralmente, não eram grupos muitos grandes.

Maiassaura

Isso faz sentido porque cada um deles precisava de muita comida. Um grande grupo de saurópodes estaria competindo entre si por comida de forma negativa.

Dinossauros menores, que precisavam de menos comida, mas mais proteção contra os comedores de carne, costumavam circular em grandes bandos.

MUITOS DINOSSAUROS TINHAM GRANDES FAMÍLIAS

Alguns animais, incluindo os humanos, têm um pequeno número de filhos já que investem muito tempo em sua criação.

Outros animais, como os insetos, os anfíbios e muitos peixes, produzem um grande número de filhotes, mas os deixam seguir a vida por conta própria.

A maioria dos filhotes morre. Se cada girino crescesse e chegasse à fase adulta, o mundo estaria mergulhado em sapos.

Os répteis modernos estão entre esses extremos e é provável que os dinossauros também.

Os sítios de ninhos fossilizados contêm muitos ovos, e existem muitos fósseis de dinos jovens, sugerindo que muitos não chegaram à idade adulta.

OS FÓSSEIS CAPTURAM MOMENTOS DA VIDA DO DINOSSAURO

Aaai!

Uma luta mortal foi preservada em um fóssil em Montana, nos Estados Unidos – um grande terópode tinha 26 dentes cravados em um herbívoro, mas o seu próprio crânio foi quebrado.

Pegadas ao redor de fósseis de troncos de árvores em Utah mostram onde um grupo de dinos comeu folhas.

Pegadas registram uma "debandada" de dinossauros na Austrália: um grupo enorme de pequenos dinossauros fugindo ao mesmo tempo.

Trilhas no Texas, Estados Unidos, mostram que pelo menos um terópode estava caçando um grupo de saurópodes há mais de 100 milhões de anos.

Um fóssil da Mongólia mostra um Velociraptor com a garra presa no pescoço de um Protocerátopo do tamanho de uma ovelha. O braço do Velociraptor foi quebrado.

O osso de um Pterossauro com um dente de um Espinossauro sugere que este último, provavelmente, avançou no outro.

Fósseis de um Tenontossauro com muitas dentadas de Deinonicos sugerem que o Tenontossauro era um lanche muito apreciado.

Eu não sou petisco!

Tenontossauro

Um conjunto de pegadas do Arizona mostra um terópode pai e seu filhote andando lado a lado.

Um conjunto de pegadas de dinossauro em Oxford, na Inglaterra, mostra como o comprimento da passada do dinossauro mudava enquanto ele caminhava e depois corria.

O tamanho e a forma dos fósseis de excrementos de dinossauro dizem aos cientistas sobre o tamanho e a forma do intestino e do bumbum do dinossauro.

5. Dinoestrelas

O VELOCIRAPTOR ERA DO TAMANHO DE UM PERU

O Velociraptor ficou com fama de mau depois da série de filmes O Parque dos Dinossauros. E foi bastante cruel e feroz. Mas ele era pequeno, tinha mais ou menos 60 cm de altura. E penas, por isso não parecia tão assustador.

Encarar o ataque de um Velociraptor não devia ser nada agradável. Estaria mais para uma briga com uma galinha irada cheia de dentes ou com um cachorrinho bravo do que uma batalha mortal contra um crocodilo ou um tigre.

Ei, eu não sou um peru!

Na verdade, os velociraptores do cinema foram inspirados em um dinossauro diferente e maior, o Deinonico, que pesava sete vezes mais que um Velociraptor e viveu 30 milhões de anos antes.

O EDMONTIA FOI SUPERESPINHOSO

O herbívoro Edmontia, da América do Norte, tinha o corpo todo coberto por escamas duras e espinhos.

Quem me chamou de "ralador de queijo"?

Edmontia

Espinhos compridos se projetavam em todas as direções; os mais longos saíam de seus ombros. E eram tão longos e afiados que, provavelmente, poderiam atacar um terópode.

O Edmontia era um pouco parecido com um Anquilossauro, mas viveu 5 milhões de anos antes. Ele não tinha o porrete na ponta da cauda, mas, com todos aqueles espinhos, nem precisava.

T-REX – ATÉ SEU NOME SIGNIFICA "REI"

O nome Tiranossauro rex quer dizer "lagarto tirano rei".

O T-Rex tinha um olfato excelente – não adiantava se esconder, ninguém escapava.

O maior T-Rex encontrado recebeu o nome de "Sue". Ela tinha 12,9 m de comprimento e 3,66 m de altura.

Descoberta em 1990, ela é o fóssil de T-Rex mais completo e mais bem preservado já encontrado.

Um T-Rex adulto podia pesar 8.000 kg.

O maior crânio de T-Rex tinha 1,2 m de comprimento.

O maior dente de T-Rex tinha 30 cm de comprimento.

Linhas microscópicas no interior de um dente de T-Rex mostram como o dente se formava dia a dia – como os anéis de uma árvore.

Cada globo ocular de T-Rex era do tamanho de uma laranja grande.

As pessoas costumavam desenhar o T-Rex em pé, com o rabo arrastando no chão.

De fato, ele sustentava o corpo e a cauda horizontalmente para equilibrar a imensa cabeça.

Cada garra traseira tinha, mais ou menos, 18 cm de comprimento.

Um filhote de T-Rex não era maior que um pombo.

O T-REX PODIA ANDAR A CERCA DE 29 KM/H

Os paleontologistas usam exames dos ossos dos dinos para construir modelos computadorizados de partes de seus corpos.

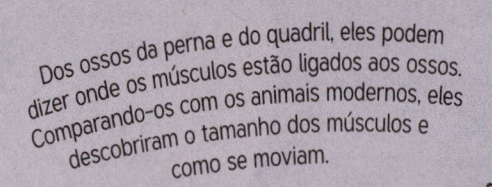

Dos ossos da perna e do quadril, eles podem dizer onde os músculos estão ligados aos ossos. Comparando-os com os animais modernos, eles descobriram o tamanho dos músculos e como se moviam.

Eu seria mais rápido se não estivesse preso neste pedestal!

O T-Rex não era muito veloz, mas podia correr rápido o suficiente para pegar sua presa.

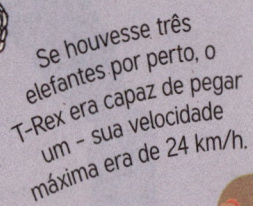

Se houvesse três elefantes por perto, o T-Rex era capaz de pegar um – sua velocidade máxima era de 24 km/h.

OS CARNOTAUROS FORAM OS ÚNICOS DINOS CARNÍVOROS COM CHIFRES

O nome "Carnotauro" significa "touro carnívoro", o que já soa meio estranho. Acrescentar chifres não melhora muito.

Em seus fósseis, os chifres do Carnotauro são tocos ósseos de apenas 15 cm.

Em vida, é possível que ele tivesse chifres de queratina mais compridos.

Além dos chifres, ele tinha pequenos caroços ósseos, chamados osteodermas, nas costas e nas laterais do corpo.

O Carnotauro viveu na Argentina entre 72 e 70 milhões de anos atrás e era tão longo quanto um caminhão, com 7,5 m de comprimento.

ESPINHOS NO PESCOÇO SÃO BONS SE VOCÊ VIVE COM A CABEÇA PARA BAIXO

O Sauropelta foi um nodossauro (um parente do anquilossauro) da América do Norte.

Sauropelta

Ele tinha espinhos enormes na parte de trás do pescoço e eles eram virados para cima e para trás. E, depois, tinha uma fileira de espinhos pequenos esticados para os lados.

Como o Sauropelta comia plantas baixinhas, passava o tempo com a cabeça no chão.

Qualquer predador que desse de cara com ele de frente veria uma coleção de espinhos eriçados. E, muito provavelmente, iria procurar uma refeição mais fácil!

O T-Rex não foi a coisa mais assustadora das AMÉRICAS

Embora fosse bastante grande e assustador, o Giganotossauro era maior - um dos maiores dinos terópodes de todos os tempos - mas, o Espinossauro era maior ainda (veja a página 296).

O Giganotossauro era grande e feroz, com enormes dentes em formato de lâminas e podia correr razoavelmente depressa.

Ele foi tão incrível que um grupo de Giganotossauros, provavelmente, conseguiu derrubar enormes titanossauros como o Argentinossauro.

Argentinossauro

Giganotossauro

O Giganotossauro viveu entre cerca de 100 a 97 milhões de anos atrás, na América do Sul. Ele foi mais intimamente ligado ao Carcharodontossauro da África que o T-Rex que viveu depois, na América do Norte.

O DREADNOUGHTUS PODE TER SIDO O MAIOR DOS DINOS

O maior fóssil de Dreadnoughtus já encontrado não era de um dinossauro totalmente adulto. Portanto, ninguém sabe, ao certo, o quanto ele pode ter crescido.

Mesmo não sendo adulto, seu pescoço tinha 11 m de comprimento, o mesmo de um poste telegráfico. Os ossos em seu pescoço tinham quase 1 m de diâmetro cada um.

Dreadnoughtus

A cauda tinha 9 m de comprimento – longa, forte e flexível.

O Dreadnoughtus viveu na Argentina há 75 milhões de anos.

O SCIURUMIMUS
parecia um dino-esquilo

Com uma cauda comprida coberta de filamentos espessos e uma pelagem mais curta sobre o corpo todo, o Sciurumimus devia ser muito mais parecido com um esquilo selvagem que com um dinossauro comum.

Este pequeno dinossauro tinha, mais ou menos, 90 cm de comprimento, viveu na Alemanha há cerca de 150 milhões de anos. Foi o primeiro de um grupo particular de terópodes encontrados com penas.

Sciurumimus

Um esquilo com penas?

Isso significa que penas ou penugens evoluíram bastante na árvore genealógica dos dinossauros. Talvez, tenha existido um número muito maior de dinos com penas ou penugens do que os cientistas suspeitavam.

O GIGANOTOSSAURO FOI MAIOR QUE O T-REX

– só um pouquinho! O T-Rex pesava cerca de 8.000 kg e o Giganotossauro, 9.000 kg.

O que são mil quilos entre amigos? Ele foi o maior carnívoro da América do Sul (mas não exatamente do mundo inteiro).

Eu sou muito feroz!

Derrotando o T-Rex em quase todos os aspectos, ele também evoluiu 30 milhões de anos antes e poderia correr mais rápido que o primo famoso.

Mas seu cérebro era pequeno – apenas metade do tamanho do cérebro do T-Rex, em relação ao tamanho do seu corpo. Por isso, provavelmente, não foi o mais brilhante. Com seu tamanho e sua ferocidade, ele realmente não precisava ser inteligente.

O Deinonico pode ter sido o avestruz do mundo dos dinos

Avestruz

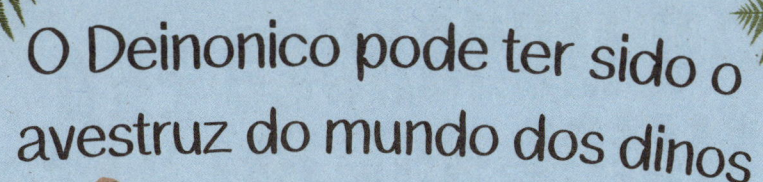

O avestruz não voa, mas ele evoluiu de aves que podiam voar. O Deinonico foi um tipo de dinossauro chamado dromeossaurida. O Velociraptor foi outro.

Esses dinossauros, provavelmente, não eram capazes de voar, nem os avestruzes, então, tudo bem!

O Deinonico tinha penas tanto nas pernas traseiras quanto nas dianteiras. Ele também tinha um rabo fora do comum, encontrado apenas nos pterossauros primitivos. Pelo desenho da cauda, ele podia mantê-la para trás ou movê-la para os lados, mas não para cima ou para baixo.

Deinonico

Isso era muito útil na direção do voo. Por isso, alguns paleontologistas acham que o Deinonico evoluiu de animais que podiam voar – animais que ainda não conhecemos.

O MUSSAURO ERA MAIOR QUE UM RATO

Quando encontrou os fósseis de um pequeno saurópode na Argentina, o caçador de dinossauros José Fernando Bonaparte o chamou de Mussauro, do latim "mus", de onde veio "mouse" (rato, em inglês).

Mas os fósseis que ele achou eram de bebês. Um Mussauro adulto era muito maior e menos parecido com um rato.

Embora os bebês tivessem só 20 cm de comprimento, os adultos chegavam a ter 3 m. Ainda assim, pequeno para um saurópode, mas bem grande para um rato.

Será que o Mussauro gostava de queijo?

O Mussauro viveu 228-208 milhões de anos atrás e era um sauropodomorfo. Isso significa que era um animal em forma de saurópode, mas não um saurópode totalmente qualificado.

Mussauro

O PEGOMASTAX ERA ESQUISITO E MARAVILHOSO

E fósseis de dinossauros mais estranhos ainda surgem o tempo todo.

Novos dinossauros são descobertos em rochas, mas alguns estão escondidos em museus há décadas.

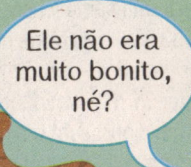

Pegomastax

Ele não era muito bonito, né?

Um fóssil descoberto na década de 1960 ficou escondido por 50 anos antes de alguém dar uma boa olhada nele, em 2012. Atualmente é chamado de Pegomastax. Ele tinha o tamanho de um gato, tinha pelos, bico como o de um papagaio e corria sobre duas pernas.

Mais de quatro quintos dos dinos conhecidos atualmente ganharam seus nomes a partir de 1990 e os caçadores de fósseis continuam descobrindo muitos outros.

O SUPERSAURUS NÃO FAZ JUS A SEU NOME

Você poderia pensar que um dinossauro chamado Supersaurus deveria ser o maior, o mais rápido, o mais legal ou o mais qualquer coisa.

Mas não. O Supersaurus era um saurópode "meia-boca".

Como muitos outros, ele viveu na América do Norte no Jurássico. Pesava cerca de 40 toneladas, o que é bastante, mas de modo algum o saurópode mais pesado.

Sou super!

Era extremamente longo, com cerca de 33,5 m, mas ainda não era o maior de todos – o Argentinossauro podia ter 39 m. É um pouco arriscado dar a um dinossauro um nome como Supersaurus, já que nunca se sabe o que ainda está por vir.

MISS PIGGY VIVEU NO ESTADO DE UTAH PRÉ-HISTÓRICO

Cerca de 76 milhões de anos atrás, parte do que hoje é Utah, nos Estados Unidos, tinha sua própria coleção de dinossauros diferenciados e outros animais nunca encontrados em outro lugar.

Esses animais podem ter sido isolados por um rio ou por montanhas que os impediam de se espalhar. Um deles era uma tartaruga com duas narinas grandes, apelida de "Miss Piggy" pelos cientistas que a encontraram e trabalharam nela.

O sapo Caco já evoluiu?

Miss Piggy tinha cerca de 60 cm de comprimento e vivia em água doce. Até o nome oficial a vincula ao apelido: Arvinachelys golden, que significa "tartaruga focinho de porco".

O Halszkaraptor é tão estranho que os ESPECIALISTAS EM DINOSSAUROS ACHARAM QUE ELE ERA FALSO

O fóssil de um excêntrico dinossauro da Mongólia parece o cruzamento entre um pato, um pinguim e um Velociraptor.

Não é de admirar que os especialistas pensassem que ele estava preso a pedaços de outros dinossauros.

Não tem nada falso sobre mim!

Halszkaraptor

O fóssil ainda estava parcialmente preso na rocha quando os especialistas o encontraram. Se fosse falso, ninguém teria trabalhado tanto sobre ele. Um exame mostrou que é um único dinossauro, então é real.

O Halszkaraptor tinha o bico parecido com o de um pato – mas cheio de dentes afiados – o pescoço comprido como o de um cisne, pés com garras como os do Velociraptor e os membros da frente lembravam as nadadeiras dos pinguins.

O Yutyrannus era um GIGANTE FELPUDO

O Yutyrannus era um tiranossaurídeo - um carnívoro feroz do mesmo tipo que o T-Rex.

Ele viveu na China há 125 milhões de anos e os adultos tinham 9 m de comprimento.

Seu nome significa "tirano emplumado" e ele foi o maior dinossauro com penas já conhecido. Suas penas eram um único filamento fino, de 15 a 20 cm de comprimento. Portanto, sua plumagem se parecia mais com um pelo difuso que com penas. Isso é perturbador!

Apesar do jeito fofinho, era capaz de arrancar sua cabeça.

Yutyrannus

Você não me acha fofo?

As penas mantinham o Yutyrannus aquecido, pois a temperatura média do local em que ele vivia era de apenas 10°C.

TODO MUNDO AMA O DIPLODOCO

O Diplodoco não seria muito indicado como animal de estimação – os saurópodes tinham o corpo coberto de escamas hexagonais ásperas, com aproximadamente 3 cm de diâmetro.

Ele tinha uma fileira de espinhos cônicos que ia da cauda até possivelmente suas costas. O maior com 18 cm de altura.

Um dos dentes do Diplodoco era substituído a cada 35 dias.

Ele tinha, pelo menos, cinco dentes esperando atrás de cada dente funcional, prontos para ocupar seu lugar quando fosse necessário.

O Diplodoco foi descoberto em 1877 e recebeu seu nome em 1878.

O industrial americano Andrew Carnegie montou oito cópias do Diplodoco mais famoso e as entregou a museus da Europa, Rússia e Argentina.

O Diplodoco britânico, apelidado de Dippie, fez uma turnê pelas ilhas britânicas de 2018 a 2020.

O Diplodoco pesava 12.000 kg.

Ele tinha 24 m de comprimento.

O Diplodoco tinha uma garra grande em um dos dedos de cada pé da frente, e nenhuma garra nos outros. Ninguém sabe para que elas eram usadas.

GARRAS "CORTANTES" PODEM NÃO TER SIDO USADAS PARA CORTAR

O Deinonico tinha uma garra grande e curvada em cada pata traseira, que saía do chão enquanto ele andava.

Essa garra única tinha muita mobilidade – ela podia ser erguida ou curvada embaixo do pé.

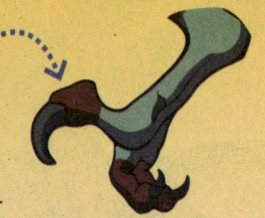

Por muito tempo, as pessoas acharam que essas garras eram usadas para cortar – talvez para rasgar a barriga de um animal que o dinossauro queria comer.

Mas, experimentos feitos com pernas de dinossauros robôs mostraram que não teria dado muito certo. Em vez disso, a garra devia ser usada para segurar a refeição contorcida, da mesma maneira que as águias cravam as garras nos animais que elas capturam. Então, o dino poderia imobilizar o jantar enquanto o comia vivo. Eca!

O AQUILOPS ERA UM BOCADO ESPINHOSO

O pequeno dinossauro Aquilops era, mais ou menos, do tamanho de um corvo, o que o transformaria em uma presa fácil para os grandes predadores.

Mas, ele tinha a cabeça cheia de espinhos. Um pouco como o lagarto diabo-espinhoso moderno, mas seria uma experiência bastante desagradável.

O Aquilops foi um dino importante, sendo o primeiro ceratopsiano desse tipo encontrado na América do Norte há 20 milhões de anos (ceratopsianos são dinossauros herbívoros com chifres e boca em forma de bico, entre os quais o Tricerátopo).

Aquilops

Você não ia gostar de me morder!

O Aquilops tem mais parentesco com os ceratopsianos da China do que com os da América. Isso sugere uma rota terrestre da China para a América do Norte há 100 milhões de anos.

ALGUNS DINOSSAUROS VIVERAM NO ESCURO

Fósseis do pequeno dinossauro ornitisquiano Leaellynasaura foram encontrados na Austrália, mas a Austrália estava muito mais ao sul e conectada à Antártida quando o Leaellynasaura passou correndo.

O Leaellynasaura teve que viver semanas na penumbra ou no escuro inverno antártico.

Embora a Antártida não fosse tão fria quanto agora, ainda havia um inverno longo e escuro. Com o comprimento de apenas 1 a 2 m, o Leaellynasaura, provavelmente, tinha olhos grandes para lidar com os baixos níveis de luz.

Leaellynasaura

Que olhos grandes você tem!

São pra te ver melhor!

Enquanto os dinossauros maiores podiam migrar para áreas com mais luz, o Leaellynasaura era pequeno demais para fazê-lo.

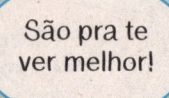

O AMARGASSAURO TINHA O PESCOÇO ESPINHOSO

O pequeno saurópode argentino Amargassauro tinha uma fileira dupla com nove espinhos crescendo nos ossos do seu pescoço.

O maior ficava no centro do pescoço e tinha 60 cm. Isso é bastante grande para um dino de cerca de 9 m de comprimento.

É possível que os espinhos fossem ligados por uma pele, formando uma vela.

Amargassauro

Ninguém sabe para que o Amargassauro usava seus espinhos.

Talvez fosse menos provável que um terópode selvagem o mordesse na parte de trás do pescoço, ou talvez os espinhos fossem usados para assustar rivais ou atrair parceiros, especialmente se houvesse uma vela – ou duas.

PENAS SÃO PARA OSTENTAR

O Epidexipteryx era um dinossauro minúsculo, que pesava pouco mais que uma maçã, mas ele tinha penas muito bonitas na cauda.

Ele viveu entre 168 e 152 milhões de anos atrás, na China, onde corria pelo chão, provavelmente buscando insetos, lagartos e outras pequenas criaturas.

Tudo isso é normal. Mas a cauda não era normal: ela tinha quatro belas e longas penas que se destacavam no seu corpo.

Sim, eu sei! Sou bonito mesmo!

Epidexipteryx

Elas não eram usadas para voar e sim para, provavelmente, impressionar outros Epidexipteryx, particularmente as meninas.

Os cientistas acreditam que ele pode ter usado a cauda como os pavões, para fazer uma extravagante exibição do tipo "olhe para mim".

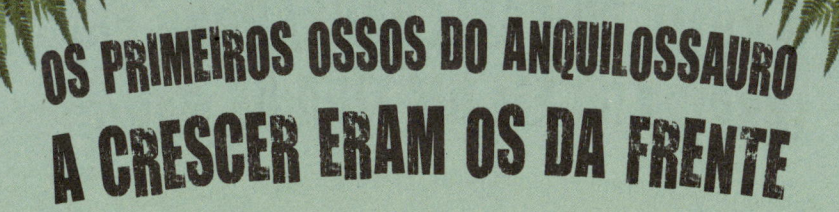

OS PRIMEIROS OSSOS DO ANQUILOSSAURO A CRESCER ERAM OS DA FRENTE

O anquilossauro não nascia com todas as suas placas ósseas no lugar. Eles se tornavam mais ossudos à medida que cresciam, começando pela frente.

E não tinham o porrete na ponta da cauda ósseas até crescer.

Anquilossauro

Sou bem duro!

Estou me preparando para ser duro!

Isso mostra que eles o usavam em disputas com outros anquilossauros, bem como para atacar predadores famintos.

Esse tipo de disputa por um companheiro, por território ou pelo controle de um grupo só acontecia quando o animal chegava à idade adulta.

O NOME DO GALLEONOSAURUS FOI INSPIRADO EM UM TIPO DE NAVIO

Quando encontraram as mandíbulas de um novo tipo de dinossauro na Austrália, os caçadores de dinos, imediatamente, viram na forma uma semelhança com um casco de galeão (um tipo antigo de barco) virado para cima. Aí deram ao novo dinossauro o nome de Galleonosaurus.

O Galleonosaurus viveu há mais ou menos 125 milhões de anos e era do tamanho de um canguru – pequeno para um dinossauro, que pode ter fugido atrás de plantas para comer.

Mandíbula de um Galleonosaurus

casco

Galeão virado

Como cinco exemplares foram encontrados juntos, imagina-se que viviam em grupos.

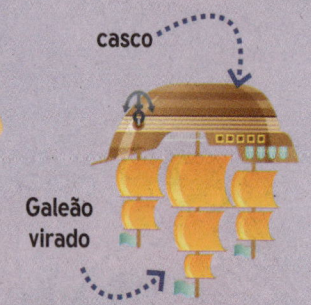

O Galleonosaurus viveu no fundo de um vale entre a Austrália e a Antártida.

Ele é parecido com alguns dinos encontrados na América do Sul, mostrando mais uma vez que os dinossauros percorreram a Antártida.

Galleonosaurus

O HALSZKARAPTOR ERA UM NADADOR

Muitos dinos não gostavam de nadar e, por isso, deviam andar pela água quando precisavam, nadando só se fosse necessário, mas o corpo do Halszkaraptor, da Mongólia, era perfeito para nadar.

A vida nas ondas do mar...

Halszkaraptor

É o único terópode conhecido que nadava e caçava no mar.

O pequeno raptor parecia um cisne que deu errado. Mas o que seria errado para um cisne era certo para o Halszkaraptor.

Ele não tinha os pés palmados, por isso devia passar algum tempo em terra. Era capaz de andar como um pato e nadar como um pinguim. Ele tinha garras selvagens como outros raptores.

O MAJUNGASSAURO ERA MUITO ESTRANHO

Esse terópode atarracado e corpulento veio de Madagascar, uma grande ilha na costa leste da África.

Como muitos outros animais que evoluíram isoladamente, ele se tornou um pouco estranho.

O Majungassauro tinha ombros fortes, com ossos grandes – mas os braços eram minúsculos.

Ele tinha o focinho largo, diferente da maioria dos terópodes – bom para morder e segurar a presa se ela lutar.

Seus dedos, talvez, nem conseguissem se mover de forma independente – era tudo ou nada para essas mãos.

Seus pequeninos dedos grossos, provavelmente, não conseguiam segurar nada.

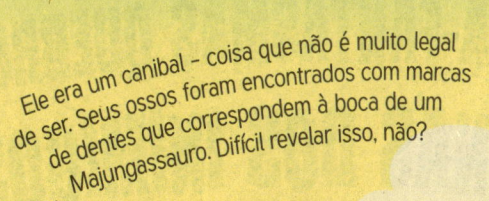

Ele era um canibal – coisa que não é muito legal de ser. Seus ossos foram encontrados com marcas de dentes que correspondem à boca de um Majungassauro. Difícil revelar isso, não?

O Majungassauro não era muito sadio. Mais de 20 fósseis apresentaram algo errado.

Ele tinha um único chifre arredondado na testa.

Provavelmente, não conseguia rodar os olhos. A parte do cérebro responsável pelos movimentos rápidos dos olhos era muito pequena.

O Majungassauro tinha mais dentes do que a maior parte dos dinos de tipos semelhantes – útil se você quiser comer seus amigos.

DINO CAÇA-FANTASMAS QUEBROU AS PERNAS DOS INIMIGOS

Um anquilossauro com um porrete violento na ponta da cauda é chamado Zuul crurivastator.

A primeira parte do nome dele foi inspirada no monstro do filme Os Caça-Fantasmas. A segunda parte significa "destruidor de canelas" e se refere ao enorme porrete de osso que havia na ponta da cauda do Zuul.

Pra quem você vai ligar?

Ele foi encontrado em 2016, em Montana, nos Estados Unidos, onde viveu há 75 milhões de anos. Apesar da cauda assustadora, só comia plantas.

Zuul crurivastator

Ele podia usar o rabo para dar um bom golpe nas pernas de quem quisesse comê-lo.

PESCOÇO CURTO EM DINOSSAURO CURTO

O Brachytrachelopan foi o único saurópode de pescoço curto.

Brachytrachelopan

Se comparado ao tamanho do corpo, o pescoço do Brachytrachelopan era 40% mais curto que o dos outros saurópodes – quase metade do seu comprimento.

Isso significava que este dino não conseguia chegar às árvores mais altas e, provavelmente, comia as folhas do chão ou de arbustos de 1 a 2 m de altura.

Tamanho não é tudo, né?

Ele pode ter se adaptado a um tipo específico de planta. Seu pescoço curto limitava os alimentos que ele alcançava e, por isso, seu tamanho acabou sendo limitado também.

Para um saurópode, ele foi muito atarracado, chegava a ter só 10 m.

O PORRETE NA CAUDA DO ANQUILOSSAURO TINHA UMA "ALÇA"

O porrete ósseo na ponta da cauda do Anquilossauro tinha cerca de 60 cm de diâmetro.

Devia ser bem pesado e, provavelmente, seu peso limitava o crescimento do dino.

Para ajudar a balançá-lo, as últimas vértebras da coluna na cauda do Anquilossauro foram fundidas (transformando-se em osso) e calcificaram os tendões do rabo. Isso criou um bastão robusto dentro da cauda, que não dobrava, mas atuava como uma alça reta que terminava no porrete.

O porrete era feito de osteodermas fundidos e entrelaçados.

A ALÇA SE FORMOU ANTES DO PORRETE

A rígida cauda do Anquilossauro evoluiu antes do porrete existente na ponta. Seria como se pegássemos a alça e decidíssemos acrescentar uma cabeça de um machado nela.

> Eu ainda estou evoluindo!

O Anquilossauro podia balançar a cauda enrijecida de um lado para o outro; o bastão ósseo suportaria o porrete da cauda e absorveria o impacto dele batendo na vítima.

Provavelmente, ele fez isso quando tinha apenas o grosso tendão ósseo – já imaginou ser atingido por ele nas pernas?

Quando os osteodermas da cauda se juntaram para formar o porrete, sua arma ficou ainda mais feroz.

O Epidendrosaurus pode ter sido CAPAZ DE PÔR O DEDO NO NARIZ,

Mas, provavelmente, não foi para isso que ele usou o dedo bem comprido.

O Epidendrosaurus era um pequeno dino de penas, de apenas 12 cm, que viveu na China.

Seu nome significa "lagarto na árvore", o que indica que era bem adaptado para a vida nas árvores.

Ter dedos compridos é legal!

Aie-aie

Epidendrosaurus

Ele tinha antebraços longos e dedos excepcionalmente compridos. O moderno aie-aie, um animal parecido com um lêmure, tem um único dedo superlongo que ele usa para capturar insetos nas árvores. O Epidendrosaurus devia fazer a mesma coisa.

O Epidendrosaurus tinha penas e seus braços compridos podem ter sido usados como asas – ou não. É difícil dizer como era seu corpo.

O ALBERTONYKUS SE ALIMENTAVA DE CUPINS

Um dinossauro do tamanho de uma galinha, de Alberta, no Canadá, o Albertonykus deslizava pelas florestas há 70 milhões de anos.

Era um terópode feroz, realmente assustador – se você fosse o cupim.

Albertonykus

Assim como o Mononykus na Mongólia (veja página 149), o Albertonykus tinha braços pequenos e gordos, com uma única garra grande. É o tipo ideal de garra para abrir formigueiros os rasgar os cupinzeiros.

Mas havia um problema: no Canadá não existem cupinzeiros e formigueiros, só madeira fossilizada com túneis provavelmente feitos por cupins.

Os paleontologistas acreditam que o Albertonykus deve ter usado a garra para quebrar a madeira podre e soltar os cupins. Não é exatamente o banquete de um grande monte de cupins, mas um lanchinho prático.

239

OS RAPTORES DO SUL TINHAM DENTES DE PEIXE

Raptores ferozes, como o Utahraptor e o Deinonico, provavelmente, corriam pelas planícies atacando qualquer animal que, por infelicidade, cruzasse o seu caminho.

Utahraptor

Eles tinham dentes serrilhados, ótimos para cortar carne. Todos eles viviam no Hemisfério Norte, em lugares como a América do Norte e a Mongólia.

Raptores do Hemisfério Sul, como o Buitreraptor – do tamanho de um frango – e o enorme Austroraptor, da América do Sul, tinham dentes bastante diferentes: menores, em maior quantidade e sem serrilhas.

Em vez disso, os dentes tinham sulcos. Um tipo de dente excelente para capturar peixes. Talvez, esses raptores vivessem nas margens dos rios e se alimentassem de peixes.

Austroraptor

OS RAPTORES PODIAM SUBIR EM ÁRVORES

– embora não fizessem isso, já que viviam em lugares onde não havia árvores.

O Velociraptor, por exemplo, morava no deserto, então deve ter ficado de fora dessa.

Estudos da garra gigante do Velociraptor, que se acredita ter sido usada para segurar as presas, mostram que ela era forte o bastante para suportar o peso do animal, se fosse usada para prendê-lo a um tipo de superfície como a casca das árvores.

Subindo!

Se isso valesse para os outros raptores de garras, eles poderiam ter subido em árvores.

Talvez, eles caíssem lá de cima sobre suas presas. Ou, talvez, tenham dado seu primeiro passo rumo ao voo. Ou foi só diversão mesmo.

Velociraptor

O ANQUILOSSAURO ERA COMO UM TANQUE

Tinha protuberâncias e placas ósseas grossas na pele, na maior parte do corpo e da cabeça, tornando-o praticamente imune às mordidas.

Tinha uma língua forte e musculosa.

Seu nome significa "lagarto duro".

Seu bico era como o de um papagaio e ele comia plantas baixas - inclusive flores.

Ele chegava a ter 6,25 m de comprimento.

O Anquilossauro pesava tanto quanto dois rinocerontes modernos.

Mesmo com pressa, um Anquilossauro não conseguia passar dos 9 km/h.

Seus dentes eram muito pequenos.

A barriga não tinha osteodermas. Para mordê-lo, alguma coisa tinha que entrar embaixo dele ou derrubá-lo.

Um Anquilossauro grande podia balançar o duro porrete ósseo que tinha na ponta da cauda e quebrar as pernas de um T-Rex.

O violento porrete ósseo de sua cauda era usado apenas para defendê-lo dos carnívoros, não para atacar.

Só foram encontrados três fósseis de anquilossauros e nenhum está completo.

OS RAPTORES TENTARAM DESENTERRAR MAMÍFEROS

Pequenos mamíferos tentaram se manter fora do caminho dos dinossauros.

Eles não eram só grandes e pisavam forte como também farejavam pequenos mamíferos que lhes dessem uma chance. Uma maneira de se manter fora do caminho desses brutamontes era cavar uma toca subterrânea.

Hora do lanche, turma!

Troodonte

Mas, não era suficiente! Fósseis em Utah mostram que, há mais ou menos 80 milhões de anos, dinossauros como o Deinonico e o Troodonte usavam as garras das patas traseiras para cavar as tocas dos pequenos mamíferos.

Marcas de arranhões e tocas são encontradas extremamente juntas. Ou seja, não havia como escapar daqueles predadores cruéis, mesmo no subsolo.

HÁ DOIS CORITOSSAUROS NO FUNDO DO MAR

Em 1916, o navio britânico Mount Temple estava cruzando o Oceano Atlântico e levava fósseis de dois Coritossauros - um feito arriscado durante a I Guerra Mundial.

O Mount Temple foi atacado por um navio inimigo alemão, os passageiros foram retirados e o navio foi afundado com sua carga de fósseis.

O Coritossauro foi um herbívoro que viveu em Alberta, no Canadá, há 75 milhões de anos.

Seu nome significa "lagarto de capacete" - que veio da crista óssea que ele tinha na cabeça e lembrava um capacete.

Coritossauro

O "capacete" tinha tubos dentro dos quais o animal poderia emitir sons muito altos à medida que o ar passava por eles.

O LAMBEOSSAURO PARECIA TER UM MACHADO ENTERRADO EM SUA CABEÇA

– o que não é nada inspirador para ninguém.

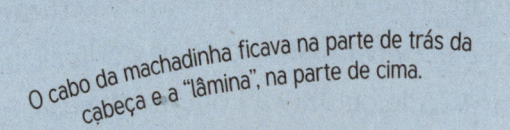

O cabo da machadinha ficava na parte de trás da cabeça e a "lâmina", na parte de cima.

Ele era parente do Coritossauro, mas tinha uma crista mais "maluca".

Lambeossauro

Eu me acho estiloso!

O Lambeossauro viveu no Canadá há 75 milhões de anos, numa área rica em dinossauros.

Ele dividia seu espaço com dinossauros com babados, como o Chasmossauro (era um Tricerátopo mais chique – veja a página 113), anquilossauros, como o Edmontonia (veja página 242), e tiranossauros ferozes, como o Gorgossauro que ficariam muito felizes em dividir pedaços de Lambeossauro.

O Estiracossauro tinha a melhor coleção de babados e chifres

O Estiracossauro foi um ceratopsiano, como o Tricerátopo.

Como outros ceratopsianos, ele tinha babados e chifres, mas foi a grande estrela no quesito de combinação de formas de ornamentação. Além de um babado e um grande chifre no nariz, ele também tinha chifres por todo o babado.

Os mais jovens, também tinham protuberâncias em forma de pirâmide sobre os olhos, mas elas desapareciam à medida que cresciam.

Havia uma grande variação no desenho. Alguns Estiracossauros tinham seis chifres extras em volta do babado e muitos pequenos espinhos extras aqui e ali.

Seu nome quer dizer "lagarto ouriço", o que combina muito bem, pois todas as variações continuam com muitos espinhos pontudos.

Estiracossauro

Não tem mais espaço pra nada no meu babado!

O NOME DEINONICO SIGNIFICA "GARRA TERRÍVEL"

O Deinonico mudou a maneira como as pessoas pensavam sobre os dinossauros – essa foi a primeira pista de que eles poderiam ser velozes e talvez ter o sangue quente.

Ele viveu entre 115 e 108 milhões de anos atrás, no oeste dos Estados Unidos.

Um adulto tinha 3,4 m de comprimento – tão grande quanto um aligátor.

Sua garra longa e articulada em cada pata traseira podia ter um revestimento córneo, o que a deixava mais comprida: 12 cm.

Ele levou os cientistas a perceber que as aves são dinossauros modernos.

O Deinonico batia as asas, o que o ajudava a se equilibrar enquanto lutava e comia suas presas.

O rabo enrijecido também o ajudava a se equilibrar.

Ele podia correr a 56 km/h.

Seus dentes e a mandíbula eram fortes o suficiente para morder através dos ossos.

Os papais Deinonicos, provavelmente, se sentavam sobre os ovos para mantê-los aquecidos.

O Deinonico devia caçar em bandos, mas também lutava pelo que queria.

O CELÓFISE TINHA QUASE O TAMANHO DE UM ADOLESCENTE

Um dos primeiros dinossauros encontrados no Novo México, o Celófise, era um carnívoro rápido que apareceu há mais ou menos 215 milhões de anos.

Embora tivesse quase a mesma altura de um adolescente humano, pesava o mesmo que uma criança humana, 22,5 kg. E tinha 2,5 m de comprimento. Seus ossos ocos ajudavam a mantê-lo leve e ágil!

Celófise

Vamos dar uma corrida e fazer um lanchinho?

O Celófise foi um dos primeiros dinos a desenvolver o "osso da sorte", aquele osso bifurcado formado por duas clavículas fundidas que as aves têm até hoje. Seus olhos eram grandes, o que significa que pode ter sido noturno.

Milhares de fósseis de Celófise foram encontrados juntos no Novo México, sugerindo que eles, talvez, vivessem em bandos ou matilhas.

O STEGOCERAS NÃO TINHA NADA A VER COM O ESTEGOSSAURO

Enquanto todo mundo sabe como o Estegossauro era, o Stegoceras não é tão famoso.

Ele tinha de 2 a 2,5 m de comprimento e pesava mais ou menos 40 kg.

Ele foi um paquicefalossauro, o que quer dizer que tinha uma espécie de calota óssea no topo da cabeça, como o famoso Paquicefalossauro.

E corria sobre duas patas, na América do Norte, há 75 milhões de anos.

Stegoceras

Alguns tinham saliências na cabeça, outros não, levando os paleontologistas a pensar que os machos usavam a cabeça óssea para se bater uns nos outros quando brigavam por companheiras ou por territórios.

Não preciso de capacete de segurança!

Cerca de um quinto dos fósseis com batidas na cabeça também tinha ferimentos.

Paquicefalossauro

Alguns anquilossauros eram REALMENTE BOBOS – e alguns só um pouco

Os Anquilossauros estavam entre os dinos menos inteligentes.

Os cientistas medem a provável estupidez de um animal elaborando seu quociente de encefalização, que é uma medida do tamanho do cérebro em relação ao tamanho do corpo. E o quociente dos Anquilossauros era realmente muito baixo.

QI baixo talvez, mas posso dar uma megacabeçada!

Um dos dinossauros mais baixos foi o australiano Minmi.

Minmi

Um pouco melhor foi o Tarchia chinês, que também não foi nenhum gênio. Seu nome significa "cérebro", mas ele foi dado como uma piada de mau gosto: ele foi só um pouco mais inteligente que seus parentes mais estúpidos.

O TROODONTE ERA INTELIGENTE – PARA UM DINOSSAURO

Embora isso não queira dizer muita coisa. Seu cérebro era do tamanho de um caroço de abacate, que não é tão grande assim.

Ainda assim, o Troodonte não era um dinossauro tão grande. Ele tinha cerca de 2 m de comprimento.

Ele foi um carnívoro que corria sobre duas pernas e viveu na América do Norte há aproximadamente 77 milhões de anos. É preciso um pouco mais de cérebro para ter mais sucesso como carnívoro que como herbívoro, pois as plantas não fogem, se escondem ou revidam.

Troodonte

Muito inteligente então!

O Troodonte, talvez, fosse tão brilhante quanto uma ave moderna. Embora algumas das aves de hoje dificilmente sejam tidas como tal e até tenham aprendido a usar ferramentas, o Troodonte não estava tentando competir com elas.

A maioria dos paleontologistas acreditam que o Troodonte era tão inteligente quanto uma galinha.

6. Mais dinoestrelas

OS DENTES DO T-REX ERAM DO TAMANHO DE UMA BANANA

E ele tinha entre 50 e 60 dentes. O maior deles tinha cerca de 30 cm de comprimento.

Eles eram pontudos e tinham as pontas serrilhadas, como as facas usadas nas churrascarias. Isso os tornou perfeitos para cortar carne.

O T-Rex não só tinha enormes dentes serrilhados como também a mordida mais poderosa que qualquer outro animal de todos os tempos.

Ele era capaz de esmagar com uma força dez vezes maior que a de um jacaré moderno. Mas, o Megalodonte, tubarão pré-histórico, foi ainda mais impressionante, com uma mordida três vezes mais poderosa que a do T-Rex.

Um ser humano seria engolido com duas dentadas de um T-Rex. Sorte que naquela época não havia pessoas na Terra.

Você é sortuda, eu sou um fóssil!

O T-REX FOI UM PODEROSO ANDARILHO DE TRASEIRO GRANDE

Estudos de esqueletos dos dinos sugerem que grandes dinossauros como o T-Rex não podiam correr muito rápido, mas, provavelmente, poderiam atingir uma velocidade razoável ao "andar a pé" – tomando por base passos normais de uma caminhada, mas rapidamente (correr envolve dar passos maiores).

O T-Rex tinha músculos grandes no traseiro e pouco músculo nos tornozelos. Geralmente, animais com tornozelos menos musculosos não conseguem correr depressa.

O grande traseiro do T-Rex combinado com os tornozelos sem músculos corresponde ao tipo de distribuição muscular que os homens praticantes de caminhada desenvolvem, sugerindo que o T-Rex pode ter ganhado velocidade ao dar passos pequenos mas rápidos.

Quem acha que eu tenho um traseiro grande?

Ele, provavelmente, parecia um pouco bobo, mas quem seria corajoso o suficiente para rir?

OS TRICERÁTOPOS ERAM LUTADORES ENFEITADOS

Os chifres de um Tricerátopo eram bastante afiados e podem ter sido usados para combater predadores. Mas, não é para isso que eles serviam.

Alguns fósseis do Tricerátopo têm evidências de lesões em volta do babado que correspondem aos chifres do Tricerátopo. Isso sugere que eles lutavam entre si.

Atualmente, muitos animais com chifres os utilizam em batalhas por companheiros ou por território. É bem possível que o Tricerátopo tenha feito a mesma coisa.

Estou pronto pra luta!

Tricerátopo

Melhor você procurar sua turma!

Monocerátopo

Os monocerátopos – que não tinham os longos chifres sobre os olhos – não apresentaram os mesmos ferimentos, de onde se pode concluir que os Tricerátopos só lutavam contra sua própria espécie.

O Parassaurolofo tinha uma trombeta embutida

O Parassaurolofo tinha uma impressionante crista óssea curvada para trás que chegava a atingir 1,5 m de comprimento.

Em seu interior, passagens e tubos transportavam o ar, produzindo um ruído durante a expiração, como uma trombeta.

Um corte transversal da crista do Parassaurolofo parece mostrar quatro tubos, mas, na realidade, são dois, que circulam na extremidade superior e terminam em cada narina.

Parassaurolofo

Bandos de Parassaurolofos, provavelmente, emitiam sons comunicando-se entre si nas florestas. Esses sons de baixa frequência eram levados a longas distâncias.

O Parassaurolofo viveu entre 76,5 e 73 milhões de anos atrás na América.

A VOZ DO PARASSAUROLOFO DESAFINAVA COMO A DOS ADOLESCENTES

Os Parassaurolofos jovens tinham as cristas pouco desenvolvidas.

Eles emitiam um som numa frequência mais alta e esse som percorria distâncias mais curtas.

Isso seria ótimo para um bebê, que ficaria perto de sua mãe e teria que chamar a atenção dela.

Aaai! Minha voz ficou estranha!

Mamãe!

A crista devia crescer muito quando o dino era adolescente. Por isso, sua voz "desafinava", e mudava para um tom mais baixo quando ele ficava adulto.

O tom adulto ia muito além. Como os ouvidos do Parassaurolofo foram adaptados para captar sons de baixa frequência, eles podiam se ouvir com facilidade.

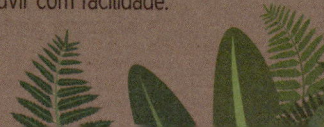

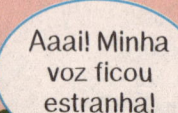

O T-REX TINHA UM ESTIRÃO DE CRESCIMENTO NA ADOLESCÊNCIA

Entre os 14 e os 18 anos, o T-Rex ganhava uma enorme quantidade de peso - cerca de 2 kg por dia, dobrando de peso em quatro anos.

Os dinos tiveram que passar de ovos minúsculos, do tamanho de uma bola de futebol mesmo para os maiores dinossauros, a corpos enormes.

Um T-Rex adulto podia pesar 5.700 kg, por isso os bebês tinham que crescer muito.

Eu não engordei! Estou em fase de crescimento!

Observando seus ossos, os cientistas podem ver os padrões de crescimento nos dinos. Eles têm anéis de crescimento, como as árvores.

Durante a fase de crescimento, o dino ganhava massa óssea para sustentar seu corpo mais pesado.

"HELLBOY" HERDOU O NOME DE UM HERÓI DOS QUADRINHOS

O dinossauro ceratopsiano Regalicerátope, que viveu no Canadá há 68 milhões de anos, foi descoberto em 2015.

Os paleontologistas deram a ele o nome de "Hellboy" porque os chifres curtos que ele tinha na testa lembravam o personagem de uma história em quadrinhos que tinha chifres curtos na testa.

Regalicerátope

O Regalicerátope é um dos tipos mais sofisticados de dinossauros ceratopsianos. O que falta em tamanho de chifres é compensado pela quantidade: 15 chifres dispostos em torno do babado, além de dois acima dos olhos e um no nariz. Ou seja, o incrível número de 18 chifres.

Seu nome significa "cara com chifres reais", referindo-se à forma como seus chifres são distribuídos: a de uma coroa.

AS CORES DO PSITACOSSAURO SE MISTURAVAM COM AS DA FLORESTA

Os paleontologistas podem usar informações sobre os animais modernos para ajudá-los a descobrir como eram os dinossauros, não só se eram grandes ou pequenos, mas também se eram verdes ou marrons.

Depois de encontrarem na China um fóssil de Psitacossauro muito bem preservado, os cientistas puderam descobrir os pigmentos de sua pele. A partir daí, puderam construir um modelo do dinossauro usando os tons certos de marrom, preto e amarelo, e experimentá-los em diferentes tipos de iluminação para saber onde ele morava.

Sua padronagem o ajudava a se esconder nas áreas pouco iluminadas de uma floresta.

Rápido! Pra floresta!

Psitacossauro

O ESTEGOSSAURO NÃO ERA O DINO MAIS INTELIGENTE

Seu nome quer dizer "lagarto telhado". No início, as pessoas achavam que seus escudos (placas) eram planos, como telhas.

Em 1920, um fanático por dinossauros sugeriu que o Estegossauro usava as placas para voar. Não era verdade.

A forma do crânio do Estegossauro era engraçada, parecia um tubo ou mesmo uma banana.

O cérebro do Estegossauro era do tamanho de uma noz.

Os antigos especialistas em dinos achavam que o Estegossauro andava sobre duas pernas. Ele também não fazia isso.

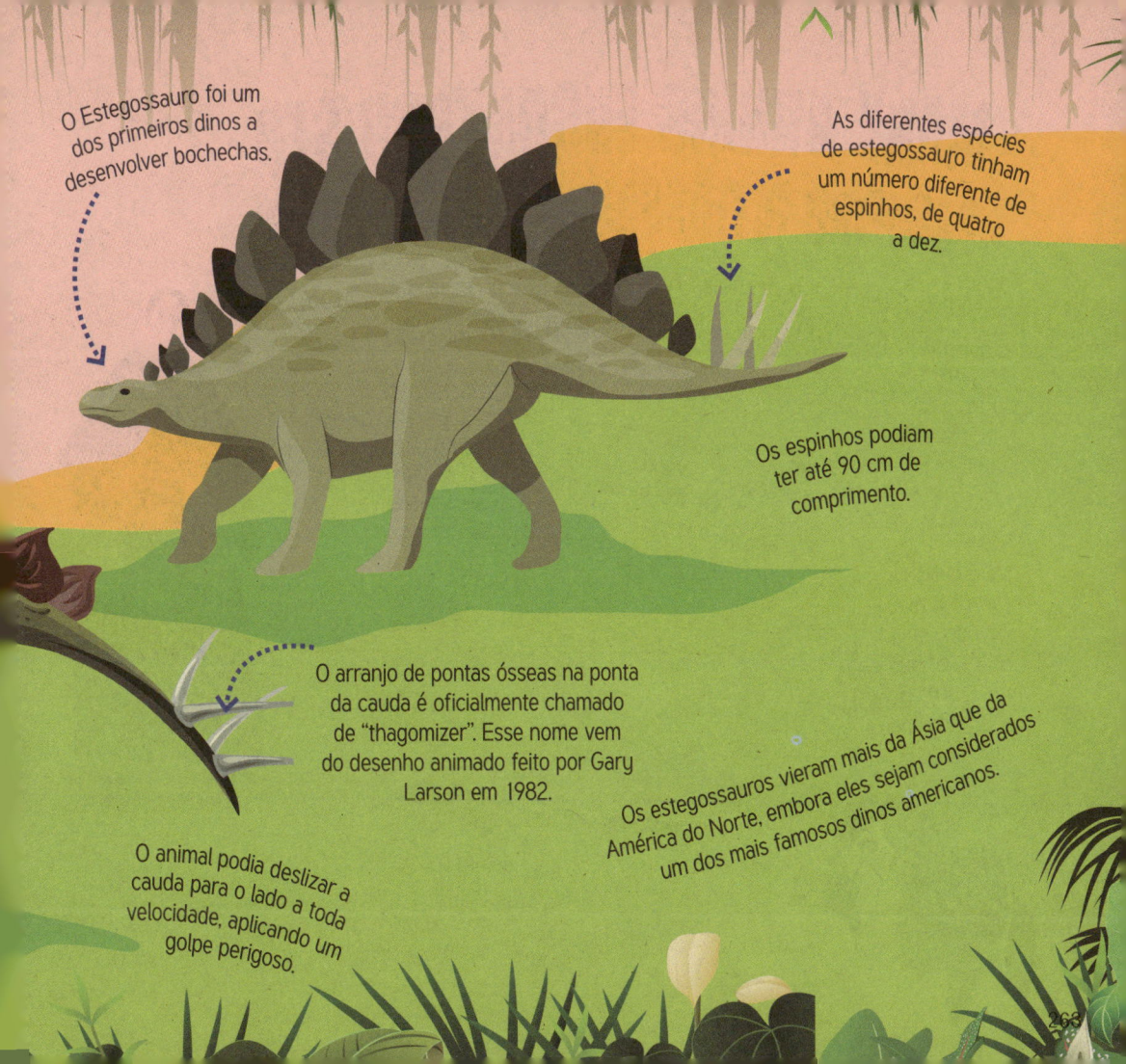

O Estegossauro foi um dos primeiros dinos a desenvolver bochechas.

As diferentes espécies de estegossauro tinham um número diferente de espinhos, de quatro a dez.

Os espinhos podiam ter até 90 cm de comprimento.

O arranjo de pontas ósseas na ponta da cauda é oficialmente chamado de "thagomizer". Esse nome vem do desenho animado feito por Gary Larson em 1982.

Os estegossauros vieram mais da Ásia que da América do Norte, embora eles sejam considerados um dos mais famosos dinos americanos.

O animal podia deslizar a cauda para o lado a toda velocidade, aplicando um golpe perigoso.

MARY ANNING ENCONTROU SEU PRIMEIRO ICTIOSSAURO COM 12 ANOS

Mary Anning foi a primeira grande caçadora de fósseis, atuando na Inglaterra no início dos anos 1800, durante sua infância.

Em 1811, seu irmão mais velho encontrou o crânio de um ictiossauro e, no ano seguinte, ela encontrou o restante do animal. Os dois haviam aprendido a caçar fósseis com o pai e, depois que ele morreu, sustentaram a família encontrando e vendendo fósseis.

Mary deixou a escola ainda jovem, mas aprendeu tanto sobre os fósseis que sabia mais que os cientistas profissionais.

Crânio de Ictiossauro

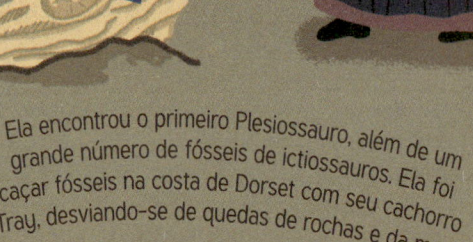

Auf!

Ela encontrou o primeiro Plesiossauro, além de um grande número de fósseis de ictiossauros. Ela foi caçar fósseis na costa de Dorset com seu cachorro Tray, desviando-se de quedas de rochas e da maré.

O MAIASSAURA ERA UM BOM PAI

O Maiassaura punha de 30 a 40 ovos por vez e parece ter cuidado de seus bebês até depois que eles nasceram.

Um imenso local de nidificação fossilizado, onde muitos Maiassauras fizeram seus ninhos, preservou bebês maiores que os que morreram perto dos ninhos, sugerindo que eles foram cuidados durante seu crescimento.

O nome Maiassaura significa "lagarto boa mãe". Seu ninho era coberto com uma vegetação que mantinha os ovos aquecidos enquanto apodrecia. Como os pais pesavam cerca de 5 toneladas, essa "técnica" era mais segura do que se sentar sobre eles.

Os ovos eram pequenos e os bebês cresciam mais de 90 cm no primeiro ano.

O BOREALOPELTA ERA GRANDE, MAS DÍFICIL DE SER VISTO

O Borealopelta atravessou as florestas do Canadá 110 milhões de anos atrás.

Era um nodossauro, um grande tipo de anquilossauro, que nos deixou o fóssil mais bem preservado de todos, com muitas partes de pele intacta.

O Borealopelta era marrom-avermelhado escuro na parte superior do corpo e claro na barriga. Isso recebe o nome de "contra camuflagem" e é comum entre presas, como os cervos. Quem poderia ter enfrentado uma refeição tão grande e cheia de espinhos?

A partir desse fóssil, os cientistas descobriram que, embora o animal fosse coberto de placas ósseas e espinhos, pesasse mais de uma tonelada e tivesse 5,5 m de comprimento, era camuflado, para se esconder – presumivelmente de predadores!

Borealopelta

AS PLACAS DO ESTEGOSSAURO o deixavam bonito

Ninguém sabe, exatamente, como o Estegossauro usava a fileira de grandes placas ósseas que ele tinha nas costas.

Elas não deviam funcionar bem contra os predadores, porque as laterais do corpo ficavam expostas e, de qualquer maneira, sua principal arma era o arranjo dos espinhos da cauda pontiaguda.

Não é óbvio? Elas me deixam mais bonito!

As placas podem ter ajudado o Estegossauro a se refrescar ou se aquecer. Elas se virariam na direção ao sol, trabalhando como painéis solares, ou ao vento para refrescar. Mas, se essa fosse a função dessas placas, era de se esperar que outros Estegossauros as tivessem, mas isso não aconteceu.

Provavelmente, elas serviam para exibição – para se identificarem com outros animais da mesma espécie para um possível acasalamento.

O TRATAYENIA ERA DO TAMANHO DE UM CAMINHÃO

Um megaraptor descoberto na América do Sul, em 2006, teria sido aterrorizante 95-85 milhões de anos atrás.

Tratayenia

O Tratayenia tinha 9 m de comprimento e garras em formato de anzol que chegavam aos 40 cm. E ele tinha dois desses cortadores em forma de foice em cada mão.

Vocês conseguem adivinhar como eu sou, pessoal?

O Tratayenia também é um triunfo das habilidades dos cientistas que estudam os dinossauros. Embora tenham encontrado apenas alguns ossos do quadril e das costas, eles descobriram como o dinossauro era e determinaram seu tamanho comparando-o com tipos semelhantes de megaraptores.

COMIDO, FOSSILIZADO E EXPLODIDO –

VOCÊ NÃO PODE MANTER UM BOM DINO ENTERRADO POR MUITO TEMPO

O enorme Saltriovenator, um carnívoro jurássico italiano, acabou sendo tão duro na morte quanto na vida. Existe um único fóssil encontrado nos Alpes italianos – mas ele tinha levado algumas pancadas.

Minha sorte deve mudar em breve!

Saltriovenator

Os ossos mostravam as marcas do dinossauro sendo comido por animais marinhos depois de sua morte. O que restou foi fossilizado no fundo do mar.

Quando as montanhas dos Alpes foram empurradas, há 30 milhões de anos, o Saltriovenator foi levado com elas. Mas ele teve o azar de ser enterrado no que se tornou uma pedreira de mármore, e foi explodido por mineiros que usaram dinamite e a quebraram em pedaços.

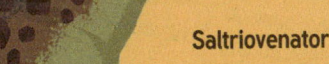

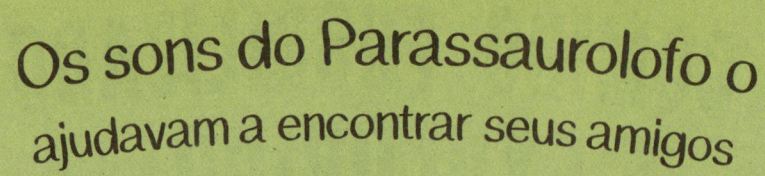

Os sons do Parassaurolofo o ajudavam a encontrar seus amigos

Três tipos similares de dinossauros, o Parassaurolofo, o Lambeossauro e o Coritossauro, eram todos muito parecidos e tinham chifres que poderiam funcionar como trombetas.

Todos viviam em grupo, na mesma área e ao mesmo tempo.

Coritossauro

Parassaurolofo

Lambeossauro

Isso poderia ter causado muita confusão – mas as trombetas de suas cabeças tinham formatos ligeiramente diferentes e, portanto, produziam sons diferentes. Isso significava que o dino podia encontrar um outro, do mesmo tipo, ouvindo o som do bando. E isso mesmo no escuro ou sob nevoeiro.

O NOME ORIGINAL DO T-REX NÃO ERA TÃO LEGAL

Ao serem encontrados, imaginou-se que os três primeiros fósseis de T-Rex fossem de três tipos diferentes de dinossauros. Um foi achado em 1892, outro em 1900 e o último, em 1902.

Os ossos de 1902 e 1900 foram descritos, pela primeira vez, nessa ordem, chamando o primeiro de Tiranossauro rex e o segundo de Dynamosaurus imperiosus. O osso de 1892 não foi reconhecido como sendo do mesmo animal, e ficou de fora.

Quando perceberam que se tratava do mesmo animal, os cientistas seguiram a tradição de usar o primeiro nome dado ao animal, não o nome do fóssil encontrado primeiro, por isso ele se tornou T-Rex.

Se tivessem sido descritos na ordem em que foram encontrados, agora o chamaríamos de D. imperiosus, o que não é tão rápido.

T-Rex

Eu sou legal!

CADA T-REX TINHA UM NOME

Bem, nem todo T-Rex. Mas os fósseis mais recentes, dos quais existem partes grandes, foram nomeados. Nenhum outro tipo de dinossauro recebe esse tratamento especial.

Os nomes dos fósseis de T-Rex são: Stan, Wankel, Sue, Scotty, Bucky, Jane, Thomas, Tristan, Baby Bob, Trix e Tufts Love.

A maior parte está nos Estados Unidos, mas Scotty está no Canadá; Trix, na Holanda e o novo lar de Tristan é a Dinamarca.

Esta noite temos Stan na bateria e Sue na guitarra!

Não foi achado nenhum exemplar de T-Rex entre 1908 e 1987. Todos os encontrados desde 1987 receberam seus nomes – e nós aprendemos a tratar adequadamente os T-Rexes.

O DILOFOSSAURO TEVE UMA MÁ FAMA

O Dilofossauro foi, provavelmente, o mais incompreendido de todos os dinos.

Eu não sou venenoso! Eu sou o cara!

Ele apareceu pela primeira vez no filme O Parque dos Dinossauros, de 1993, como um cuspidor de veneno, um animal que abanava o babado e tinha o tamanho de um labrador. Mas, o Dilofossauro era incrível à sua maneira, não à imaginação de um diretor de cinema.

Primeiro, ele não cuspia veneno. Segundo, ele não tinha um babado que pudesse se expandir e terceiro, ele era muito maior que um cachorro. Seu nome foi usado por algo que não existe.

O Dilofossauro tinha uma dupla crista arredondada muito respeitável, media 6,5 m de comprimento e pesava mais que um urso grande.

Ele é incomum como um dos primeiros dinos jurássicos da América do Norte. Os dinossauros tinham chegado recentemente da América do Sul, por isso, os primeiros exemplares são raros.

273

O VELOCIRAPTOR É OUTRO DINO DAS TELONAS

No filme O Parque dos Dinossauros, os Velociraptores estão muito mais próximos dos Deinonicos que dos Velociraptores verdadeiros.

Ele era do tamanho de uma galinha grande – mas mais feroz. E com uma cauda mais comprida.

O Velociraptor tinha penas, não escamas.

Se você pudesse derreter e combinar esses animais, seriam necessários cerca de sete Velociraptores reais para produzir algo do tamanho de um Velociraptor de O Parque dos Dinossauros.

Só foi encontrado um fóssil do Velociraptor, portanto, não há evidências de que eles caçassem em bando ou vivessem em grupo.

O nome Velociraptor quer dizer "ladrão veloz". É bem provável que ele atingisse os 40 km/h em tiros curtos.

Longe de atacar uma criança (se é que houve alguma), o Velociraptor provavelmente caçava presas bem pequenas.

Embora fosse bastante inteligente para um dinossauro, o Velociraptor não era inteligente o suficiente para descobrir como usar a maçaneta de uma porta, como acontece no filme.

O MACHAIROCERATOPS TINHA OS CHIFRES MAIS MALUCOS

Este dinossauro ceratopsiano da América do Norte não investiu muito em seu babado, mas deve ter ganho um prêmio por seus chifres.

Dois chifres enormes e curvos, em forma de foice, saíam do topo do babado e se curvavam sobre sua cara. O nome "machairis" significa "espada dobrada".

Eu não sou estranho...

Machairoceratops

O Machairoceratops tinha dois chifres na testa e nenhum no nariz. Seu babado, um tanto atrofiado, foi transformado em um outro par de chifres que deu a ele um visual mais "radical".

Ele não foi o maior dos dinos ceratopsianos – tinha de 6 a 8 m de comprimento, e pesava apenas metade do que um Tricerátopo – mas foi um dos mais espetaculares.

O ALOSSAURO PODIA COMPETIR COM O T-REX

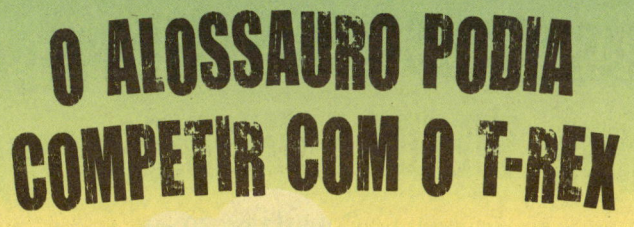

O Alossauro foi o T-Rex de sua era.

Ele viveu há 155 milhões de anos (portanto nós estamos mais próximos do T-Rex que o Alossauro) - fósseis foram encontrados distantes entre si: América do Norte, Portugal, Sibéria e Tailândia.

Alossauro

Este carnívoro robusto podia derrubar um saurópode de tamanho médio e, algumas vezes, enfrentou o Estegossauro (que nem sempre ganhou).

Esconder não vai ajudar...

Ele podia correr a 34 km/h, o que não é tão rápido, mas era o suficiente para capturar seu alimento.

DUAS DINOESTRELAS PELO PREÇO DE UMA: WENDY E WENDICERATOPS

O Wendiceratops viveu no Canadá há 79 milhões de anos e foi o menor primo do Tricerátopo.

Wendiceratops

Ele tinha um chifre contundente no nariz, em algum ponto entre a saliência do nariz do Paquirinossauro e o chifre verdadeiro. Além disso, tinha pequenos espinhos enrolados na ponta do babado.

É possível que você tenha achado isso mais bonito que ameaçador, se não fosse pelos grandes chifres sobre os olhos.

O Wendiceratops recebeu esse nome em homenagem a Wendy Sloboda, a caçadora de fósseis que o encontrou, em 2011. Assim, com uma estrela dessas, ela agora tem uma tatuagem do Wendiceratops em seu corpo.

Eu sou arte!

O RATIVATES FICOU ESCONDIDO NUM ARMÁRIO POR 80 ANOS

Primeiro, ele ficou escondido no subsolo por 75 milhões de anos e depois, quando foi desenterrado, seu fóssil foi classificado erroneamente, indo parar em um armazém.

Mas, em 2016, paleontologistas o tiraram do armário e, por sorte, descobriram que se tratava de uma nova espécie.

Seu nome completo, Rativates evadens, se refere à sua capacidade de ter evitado sua descoberta por um período de tempo tão longo.

Rativates

O Rativates era um ornitomimo, o que significa ser parecido com uma ave, e ele lembra bem um avestruz – exceto pelo rabo comprido.

É provável que ele tivesse 3 m de comprimento, incluindo a cauda, e cerca de 1,5 m de altura.

O T-REX ADULTO NÃO TINHA PENAS

– APESAR DOS BEBÊS PODEREM TER TIDO PENUGENS.

Os fósseis mostram que o T-Rex tinha pele escamosa e reptiliana, como sempre se imaginou. Seu parente chinês, Yutyrannus, era quase do tamanho do T-Rex e tinha penas semelhantes a filamentos.

Se tivesse penas, o T-Rex ficaria muito aquecido. Pela mesma razão, os grandes mamíferos africanos, como os elefantes e rinocerontes, não têm os corpos peludos.

Os rinocerontes e mamutes primitivos, antes lanudos, viviam em áreas frias e precisavam de ajuda para se aquecer.

Meus fofinhos!

Mas, enquanto o T-Rex passava a vida no ambiente quente do oeste norte-americano, os Yutyrannus viviam em locais mais frios. As penas deviam mantê-los aquecidos.

Othniel Marsh descobriu VÁRIOS NOVOS DINOSSAUROS

Othniel Marsh foi um homem dinoestrela, um dos maiores caçadores de fósseis do final dos anos 1800.

Um tio rico morreu e deixou 100 mil dólares para ele montar um império de caça-fósseis. Ele empregou um grande número de pessoas para encontrar os fósseis que ele estudou e nomeou.

Ao todo, ele e seus empregados encontraram mais de 500 animais fossilizados, incluindo o primeiro Pterossauro americano e alguns dinossauros mais famosos, como o Estegossauro, o Tricerátopo, o Brontossauro e o Alossauro. Ele deu nome a 80 espécies de dinossauro.

Ninguém deixou o Tricerátopo no armário!

Ele colecionou tantos fósseis que é possível que não tenha conseguido estudar todos. Muitos estão armazenados há décadas, sem terem sido examinados.

Edward Drinker Cope chegou bem perto.

Ele foi outro homem dinoestrela.

Embora tenha tido pouca educação formal, Cope deu nome a 56 novos dinossauros americanos nos anos 1900 – mil animais pré-históricos no total.

Sua rivalidade com Marsh (vejas as páginas 35 e 283) envolveu algumas práticas estranhas, mas ele teve êxito. Publicou 1.400 artigos científicos enquanto viveu.

...999 e 1.000!

Camarassauro

Dimetrodon

Entre os animais que ele descobriu estão o Celófise, o Camarassauro e o réptil pré-dinossauriano Dimetrodon.

Mas, sua paixão pela caça aos dinossauros e sua rivalidade com Marsh o levaram a ficar sem dinheiro.

O HOMEM QUE ENCONTROU O T-REX RECEBEU SEU NOME DEPOIS DE UM CIRCO

O nome de Barnum Brown foi inspirado no nome do apresentador de circo P.T. Barnum. Era um homem vistoso e excêntrico, que muitas vezes aparecia nas escavações usando um longo casaco de pele de castor e sempre de gravata.

Brown foi um dos maiores caçadores de fósseis dos anos 1900. Viajou pelo mundo todo e encontrou uma grande quantidade de outros animais além dos dinossauros.

Ele foi empregado pelo Museu Nacional de História Natural americano para caçar e adquirir fósseis. E passou vários anos descendo um rio no Canadá em um barco, parando em qualquer local que parecesse produzir fósseis.

Ele encontrou o T-Rex em 1902.

RECORDES BATIDOS PELOS DINOS

O Paquicefalossauro tinha o crânio mais grosso, com 40 cm de espessura.

Paquicefalossauro

O comprimento da cauda do Leaellynasaura era três vezes maior que o corpo – o maior na relação corpo/cauda entre os dinossauros.

Leaellynasaura

O Espinossauro foi o maior carnívoro, com 15 m de comprimento.

Espinossauro

O Pelacanimimo tinha mais dentes que qualquer outro carnívoro: 220.

O Hipselossauro pôs o maior ovo de dinossauro já encontrado. Tinha 30 cm de comprimento e podia conter cerca de 73 ovos de galinha.

Mamenchissauro

O Mamenchissauro teve o maior pescoço entre os dinossauros: 9 m ou mais.

Quando eu estava viva, ninguém me chamava de Sue!

O fóssil do T-Rex Sue foi vendido por pouco mais de 8 milhões de dólares em 1997 – o mais alto preço já pago por um fóssil.

O Kosmoceratops tinha o maior babado entre os dinos ceratopsianos.

O saurópode Maraapunisaurus, possivelmente, teve a cauda mais longa de todos os tempos, com cerca de 30 m. Outra estimativa o deixa com metade disso. Como não há fósseis completos, é difícil dizer.

Utahraptor

O Austroraptor e o Utahraptor foram os maiores raptores conhecidos, com 6,4 m de comprimento – grandes e assustadores!

O ANODONTOSAURUS TINHA O MELHOR PORRETE NA CAUDA

Embora tenha sido o mais famoso de sua espécie, o Anquilossauro não era nem o maior nem o mais impressionante. O porrete de sua cauda tinha uma forma bastante sem graça, parecida com a ponta de uma colher.

O porrete da cauda do Anodontosaurus era o mais largo e mais ousado.

Anodontosaurus

O nome do coitado do Anodontosaurus significa "lagarto sem dentes", embora ele não fosse totalmente desdentado.

A cabeça do primeiro fóssil encontrado sofreu danos ao longo dos 70 milhões de anos que ficou enterrado, e seus dentes se foram.

E ele foi bem azarado – durante algum tempo, os cientistas acharam que ele não era um tipo diferente de dinossauro, e sim um Euoplocéfalo. E só recebeu seu nome em 2010.

Quer ir pra balada? Estou pronto!

UMA GARRA SAINDO DA TERRA REVELOU O BARIONIX

O dinossauro britânico Barionix foi encontrado em 1983, quando o caçador de fósseis Willian Walker viu um pedaço de garra saindo no chão.

Era uma garra enorme e curva, com 31 cm de comprimento. O restante estava atrás disso.

O Barionix viveu há 125 milhões de anos no que eram, então, os quentes pântanos do sul da Inglaterra. As narinas dele ficavam no alto e sua boca lembrava a de um crocodilo, com dentes curvos e afiados, apropriados para a captura de peixes.

Peixe, frango, Iguanodonte... eu não sou exigente!

É provável que ficasse em águas rasas caçando peixes, mas os restos de um Iguanodonte encontrado no estômago do dino sugerem que ele não era muito exigente e comia o que quer que surgisse à sua frente.

Barionix

O CETIOSSAURO FOI O PRIMEIRO SAURÓPODE ENCONTRADO

- APESAR DE, NA ÉPOCA, ELE NÃO TER SIDO RECONHECIDO COMO TAL.

Seu nome significa "lagarto baleia", que ele recebeu porque o homem que o descreveu pela primeira vez, em 1842, Richard Owen, achou que se tratava de um tipo de animal marinho, talvez como um crocodilo.

Não sou um saurópode? Como você ousa?

Ele era bem pequeno para um saurópode, apenas 16 m e 11.000 kg – o que é muito para qualquer outra coisa, mas não para um saurópode.

Embora a maioria dos saurópodes tenha sido encontrada nas Américas do Norte e do Sul, o Cetiossauro viveu na Europa há 167 milhões de anos e foi encontrado, pela primeira vez, na Inglaterra.

O Anquilossauro pode ter comido vermes

O Anquilossauro, geralmente, é tido como um dino herbívoro.

Ele não tinha dentes apropriados para mastigação e uma barriga grande e redonda. As folhas deviam ir direto para a barriga, onde as bactérias as fermentavam (por isso, ele devia ser um dino bastante flatulento).

Recentemente, os cientistas sugeriram que o Anquilossauro também podia cavar o solo em busca de larvas, insetos e vermes (e talvez raízes).

Suas narinas ficavam no topo da cabeça, o que é comum em animais que enfiam o focinho na terra. Faz sentido – ninguém quer ficar com o nariz cheio de lama.

As patas dianteiras eram fortes o suficiente para cavar e ele tinha bom olfato, o que o ajudaria a encontrar comida debaixo da terra.

Nham! Nham! Nham!

T-REX FOI ESTRELA ATÉ MESMO NO BANHEIRO

Um excremento fossilizado de um T-Rex encontrado no Canadá, em 1998, tinha 45 cm de comprimento. Grande, não?

Os excrementos dos dinossauros não têm plaquinha identificando de que animal eles são. Os cientistas tiveram que descobrir isso a partir do tipo de alimento que continham e dos animais que teriam existido há cerca de 66 milhões de anos, época em que foram descartados.

Rápido! Corra! Acabei de fazer um cocô grande e muito fedido!

E concluíram que eram do T-Rex, o único carnívoro grande o suficiente que triturava até ossos.

No excremento havia um pouco de tecido mole não digerido, o que sugere que o T-Rex engolia os alimentos praticamente inteiros e eles não ficavam muito tempo no corpo do animal.

T-Rex

O KOSMOCERATOPS TINHA O MELHOR BABADO

Entre os dinossauros ceratopsianos, há um número considerável de candidatos ao título de "rei do babado". O vencedor, provavelmente, seria o Kosmoceratops.

Ele tinha um babado enorme, e até a borda parecia com babados. Além disso, tinha 15 chifres pequenos e curvados para dentro, para que parecessem mais flexíveis que assustadores.

Seu crânio, incluindo a cabeça e o escudo ósseo que formava o babado, tinha 2 m de comprimento.

O Kosmoceratops viveu nos quentes pântanos da parte ocidental da América do Norte, 76 milhões de anos atrás, antes do primo Tricerátopo. Essa área exuberante foi apelidada pelos caçadores de fósseis de "continente perdido".

Bonito demais o meu babado!

Kosmoceratops

ALGUNS NOMES DE DINOS SÃO APENAS FANTASMAS

Os fósseis dos dinossauros são, geralmente, ligados a um dinossauro já nomeado e de que se tem alguma ideia de como era. Mas, às vezes, os únicos fósseis são vestígios, como pegadas ou marcas de arrasto.

Os paleontologistas dão nome às pegadas mesmo quando não há um dinossauro para combiná-las. Eles classificam e nomeiam as trilhas independentemente dos animais que as deixaram.

Um dos tipos de vestígios fósseis mais comuns é chamado de Grallator. É uma pegada de três dedos feita por um terópode.

Trilhas de Grallator foram encontradas no mundo inteiro e em diferentes momentos, feitas por diferentes tipos de dinossauros.

O LURDUSAURUS PODE TER GOSTADO DE MERGULHAR NO LAGO

O Lurdusaurus é um dinossauro pouco conhecido que viveu na África há mais ou menos 112 milhões de anos.

Ele se parecia um pouco com o Iguanodonte, embora tivesse um pescoço mais comprido, barriga grande e costas largas.

Tanta coisa é bastante normal. Mas seus descobridores acreditam que ele pode ter sido aquático, ainda que parcialmente. Ele gostava de nadar e passava muito tempo na água, como os atuais hipopótamos.

Lurdusaurus

Como os hipopótamos, ele tinha membros curtos e resistentes e não teria como se mover rapidamente em terra. Ele, talvez, se sentisse mais seguro à espreita em um lago.

Caso houvesse crocodilos na água, ele teria um polegar massivo e afiado para se defender.

AS CORCOVAS NO NARIZ E OS POLEGARES AFIADOS ERAM MODA NA MONGÓLIA

Apesar de parentes distantes, dois dinos da Mongólia apresentaram corcovas no nariz e polegares afiados.

Tanto o Choyrodon quanto o grande Altirhinus eram tipos de dinossauros iguanodontes, mas desenvolveram as corcovas do nariz separadamente e de maneiras diferentes.

A corcova do nariz parecia ter a pele mole presa a uma crista de osso elevada.

Choyrodon

Não aperte!

Pode ter sido parte da maneira que o dino encontrou para parecer atraente para um parceiro. Talvez fosse brilhante e atraente ou, talvez, pudesse fazer barulho – mas isso nós não sabemos.

AS PLACAS DO ESTEGOSSAURO
ERAM TORTAS

A maioria dos estegossauros tinham espinhos ou placas ao longo de suas costas, dispostas em linhas simétricas e organizadas.

O Estegossauro era o estranho – as grandes placas que iam da parte de trás do pescoço até a cauda tinham uma disposição estranha e assimétrica. Ninguém sabe porque, ou como isso aconteceu.

Quem é estranho aqui?

O Estegossauro também perdeu alguns espinhos gigantes dos ombros, muito comuns nos outros tipos de estegossauros.

Isso dificultaria os movimentos dos estegossauros, deixando-os mais pesados e com problemas para passar por arbustos e árvores, mas os espinhos impediam que os predadores se aproximassem demais do animal.

Estegossauro

Não ser comido valia o aborrecimento de ter que passar em lugares apertados.

O ESPINOSSAURO TINHA ESPINHOS

O Espinossauro foi um dos maiores dinossauros carnívoros – maior até que o T-Rex e o Alossauro.

Ele atingiu de 12,5 a 18 m de comprimento e cerca de 18.000 kg.

Uma fileira de espinhos ao longo de suas costas tinha, pelo menos, 1,6 m de comprimento.

Eles podem ter aguentado uma corcunda ou uma vela. Geralmente são desenhados com uma vela.

O Espinossauro comeu peixes. Seu focinho era parecido com o de um crocodilo e seus dentes, afiados e curvos, para impedir que os peixes escorregassem.

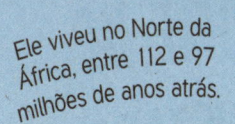

Ele viveu no Norte da África, entre 112 e 97 milhões de anos atrás.

O primeiro fóssil de Espinossauro foi descoberto no Egito, em 1915.

Esse fóssil foi destruído em um bombardeio em Munique, na Alemanha, na Segunda Guerra Mundial.

Felizmente, um outro foi encontrado no Marrocos, em 2014.

Eu só quero remar!

Vem, a água está uma delícia!

O Espinossauro foi, provavelmente, um pernalta em águas rasas, mas não nadava. Ele era leve demais para mergulhar em busca de comida e teria subido à superfície.

UM DINOSSAURO COM NOME DE TUBARÃO ERA BASTANTE ASSUSTADOR

- EMBORA O DINOSSAURO TENHA APARECIDO PRIMEIRO, TALVEZ O TUBARÃO É QUE TIVESSE QUE SER NOMEADO DEPOIS.

O nome do Carcharodontossauro significa "lagarto com dente de tubarão" e ele era digno desse nome.

Não tão grande quanto o T-Rex, o Carcharodontossauro, provavelmente, tinha 12 m de comprimento – grande o bastante para ser assustador. Ele vivia na África, ao lado do Espinossauro.

Os dentes que deram nome ao Carcharodontossauro tinham 16 cm de comprimento. Eram serrilhados e pareciam facas curvas.

Carcharodontossauro

Vejam só esses dentes!

Por um longo tempo, os cientistas trabalharam apenas com os dentes, já que o primeiro grande fóssil do Carcharodontossauro foi destruído por bombas na Segunda Guerra Mundial. Outro crânio descoberto em 1995 confirmou seu tamanho assustador. Só o crânio tinha 1,5 m de comprimento.

O "SUPERCROC" PRODUZIU UMA BEBIDA PERIGOSA PARA OS DINOS

Embora não seja um dinossauro, o Sarcosuchus aterrorizou os dinos africanos que cruzaram seu caminho, 112 milhões de anos atrás.

O maior dos animais semelhantes a crocodilos chegou a ter 12 m – duas vezes o comprimento do maior crocodilo moderno, o crocodilo de água salgada.

Ele levava de 40 a 50 anos para atingir o tamanho adulto – portanto, aos 30, ele ainda era adolescente!

Eu não sou nada exigente!

O estilo dos dentes sugeria que o Sarcosuchus não se concentrava em peixes no jantar. Ele era generalista, mordia qualquer criatura que se aproximasse. Isso incluía os dinossauros.

Sarcosuchus

NO PASSADO, O IGUANODONTE FOI UM METAMORFO...

O Iguanodonte é uma dinoestrela que foi o ponto de partida em toda essa coisa de dinossauro.

Ver parte de um fóssil de Iguanodonte levou o geólogo britânico Richard Owen a concluir que existiram grandes animais extintos, diferentes de todos os animais vivos, e deu a eles o nome de dinossauros.

No começo, porém, o Iguanodonte foi considerado diferente de todas as maneiras erradas. Quando Mary e Gideon Mantell mostraram os dentes do Iguanodonte ao especialista francês Georges Cuvier, ele achou que se tratasse dos dentes de algo como um peixe-bola.

Humanos tolos!

Ele, então, sugeriu que eram dentes de um réptil grande e já extinto que comia algum tipo de planta. Mantell pesquisou em museus e viu um esqueleto de iguana.

A sugestão seguinte foi que se tratava de um réptil-rinoceronte com um chifre no nariz. O chifre foi identificado como um dedo polegar na década de 1870.

FÓSSIL ESTRELA CONFIRMA A TEORIA DA EXTINÇÃO

Em 2019, os paleontologistas encontraram um campo fóssil em Dakota, nos Estados Unidos, que preservou os momentos posteriores à queda do asteroide mortal que atingiu o Golfo do México, 66 milhões de anos atrás.

A área está repleta de fósseis de animais mortos instantaneamente, incluindo peixes arremessados por um imenso tsunami (onda), cujos corpos e brânquias estão cravejados com pedaços de rochas.

Minúsculas partículas de rocha escaldante choveram do céu e deram início a incêndios onde caíram. Elas são encontradas como bolas de rochas em todo o local e cravadas em corpos de animais.

O momento da catástrofe, a 3.000 km de distância do Golfo do México, teria chegado 40 minutos após o impacto.

ÍNDICE

Albertonykus 239
Alossauro 277, 281
Altirhinus 294
Amargassauro 227
Amonites 17, 62
Anchiornis 21, 147
Anhanguera 77
Anodontosaurus 286
Anquilossauro 123, 151, 171, 205, 236–237, 242–243, 286, 289
anquilossauros 46, 126, 132, 229, 234, 246, 252, 266, 286
Aquilops 225
arcossauros 9, 19, 26, 40, 174
Argentinossauro 211, 218
Arqueópteryx 137
Arthurdactylus 42
Arvinachelys golden 219
Austroraptor 240, 285

Bambiraptor 42
Barionix 128, 170, 174, 287
Beibeilong 155
belemnites 62, 69

Borealopelta 266
Borogovia 42
Brachytrachelopan 235
Braquiossauro 116, 120, 142, 196
Brontossauro 23, 281
Buitreraptor 240

Caelestiventus 77
Caihong juji 133
Camarassauro 110, 116, 172, 282
Carcharodontossauro 211, 298
Carinodens 65
Carnotauro 117, 132, 209
Carnufex carolinensis 50
Celófise 170, 174, 250, 282
ceratopsiano 143, 157, 225, 247, 260, 276, 285, 291
Cetiossauro 288
Chasmossauro 246
Choyrodon 294
Coelurosauravus 87
Compsognato 174
Coritossauro 186, 245, 246, 270
crinoides 63
Criolofossauro 42

Deinonico 104, 122, 128, 193, 203–204, 215, 224, 240, 244, 248–249, 274
Dilofossauro 273
Diluvicursor 11
Dimetrodon 9, 40, 282
Dimorphodon 84
dinossauriformes 25, 26
Diplodoco 4, 10, 12, 13, 23, 108, 124, 145, 171, 222–223
Dracorex 43, 138
Dreadnoughtus 212

Edmontia 205, 246
Edmontossauro 115, 154
Enantiornithes 139
Eozostrodon 47
Epidendrosaurus 238
Epidexipteryx 228
Espinossauro 108, 211, 284, 296–297, 298
Estegossauro 6, 13, 23, 151, 182, 251, 262–263, 267, 277, 281, 295
Estiracossauro 194, 247
Eudimorphodon 54
Euparkeria 20

Galleonosaurus 230
Gasossauro 43
Germanodactylus 82
Giganotossauro 211, 214
Gorgossauro 246

hadrossauros 22, 118, 132, 149, 157, 186
Halszkaraptor 220, 231
Hatzegopteryx 76, 83
Henodus 98–99
Herrerassauro 8, 13, 30
Hesperonychus 41
Hesperornis 195
heteromorphs 62
Hipselossauro 284
Hylaeossauro 32

Ichthyornis 131, 147
ictiossauros 55, 67, 78–79, 81, 90, 95, 101–102, 264
Iguanodonte 22, 32, 48, 107, 174, 287, 293–294, 300
Ingentia 106
Irritator 43

Koolasuchus 40
Kosmoceratops 285, 291
Kulindadromeus 123

Lambeossauro 246, 270
Leaellynassaura 11, 226, 284
Lurdusaurus 293
Lystrossauro 20

Machairoceratops 276
Magyarossauro 16
Maiassaura 198, 200, 265
Majungassauro 232–233
Mamenchissauro 142, 285
Maraapunisaurus 285
Massospondylus 162, 163
Megalodon 254
Megalossauro 22, 32, 38
megaraptorids 268
Mei 190
Microraptor 133, 141, 146–147, 168, 174
Minmi 252
Monocerátopo 256
Mononykus 239
mosassauros 55, 60–61, 64–66, 97
Mussauro 216

não-aviários, dinossauros 21, 39, 52, 134, 146, 157
Nemicolopterus 77
Nigersaurus 109, 172
nipponites 62

Nodossauro 46, 266
nothosaurs 57
Nothronychus 128
Nyasassauro 25–26
Nyctosaurus 77

Oftalmossauro 90
Ornithomimids 279
Ornitisquianos 33, 109, 182, 226
Ornitomimo 121
Oryctodromeus 184
Ouranossauro 136
Oviraptor 120, 145, 166, 199

Paquicefalossauro 135, 138, 284
paquicefalossauros 251
Parassaurolofo 113, 144, 257–258, 70
Pegomastax 217
Pelecanimimo 284
placodontes 98–99
Placodus 98
Plateossauro 152, 162
plesiossauros 17, 55–56, 67, 91, 100, 264
pliossauros 55, 100
Poposaurus 43
Postosuchus 19

Predador X 100
Protocerátopo 122, 143, 203
pseudosuchians 49
Psitacossauro 156, 261
Pteranodonte 77, 80
pterodáctilos 42, 85
Pterodáctilos 84
Pterodaustro 92–93
pterossauros 54, 58–59, 68, 70–77, 80, 82–89, 92–94, 96, 103, 203, 215, 281

Qantassaurus 43
Quetzlcoatlus 70, 72, 94, 96

Rajasaurus 191
raptores 193, 240–241, 244, 268, 285
Rativates 279
Regalicerátope 260

Saltriovenator 269
Sarcosuchus 299
Saurisquianos 33
Sauropelta 210
saurópodes 12, 45, 76, 106, 108, 110–111, 116, 119, 123–125, 140, 142, 148, 150–151, 153, 160, 162, 167, 175–176, 181, 183, 192, 196, 200, 202, 216, 218, 222, 227, 235, 277, 285, 288

sauropodomorfos 162, 216
Sciurumimus 213
Shonissauro 95
sinapsídeos 9
Sinosauropteryx 174
Stegoceras 251
Stygimoloch 138
Supersaurus 218

Tarchia 252
Technosaurus 43
Telmatossauro 16
Tenontossauro 203
terópodes 21, 30, 104, 109, 119, 121–122, 128, 134, 146–147, 150, 162, 173–174, 202, 205, 211, 213, 231–232, 239, 292
Thalassodromeus 86
tiranosaurídeos 221
Tiranossauro rex 4, 13, 15, 21, 23, 108, 117, 122, 129, 146, 150, 157, 170, 173, 193, 206–208, 211, 214, 243, 254–255, 259, 271–272, 277, 280, 283, 285, 290
tiranossauros 246
titanossauros 120, 123, 148, 160–161, 187, 211
Tratayenia 268
Tricerátopo 10, 13, 15, 23, 27, 44, 109, 113, 129, 143, 145, 177, 182, 225, 247, 256, 276, 278, 281, 291
Troodonte 129, 244, 253
Tupandactylus 76
Tylossauro 66, 97

Utahraptor 193, 240, 285

Velociraptor 21, 146, 170, 203, 204, 215, 220, 241, 274–275

Wendiceratops 278

Yutyrannus 221, 280

Zalmoxes 16
Zuul crurivastator 234

ANOTAÇÕES

ANOTAÇÕES

ANOTAÇÕES

ANOTAÇÕES

ANOTAÇÕES

ANOTAÇÕES